Render[in]

Einfaches Rendering mit SketchUp

von

Ebba Steffens und Holger Faust

Sketch-Shop

Bibliografische Information der Deutschen Nationalbibliothek
Die Deutsche Nationalbibliothek verzeichnet diese Publikation in der
Deutschen Nationalbibliografie; detaillierte bibliografische
Daten sind im Internet über http://dnb.d-nb.de abrufbar.

ISBN 978-3-9819506-0-1
6. Auflage 2018

Sketch-Shop

Telefon +49.221.733983
info@sketch-shop.de
www.sketch-shop.de

Druck: Baier Digitaldruck GmbH, Heidelberg
Printed in Germany, Januar 2018
Klimaneutraler Druck durch natureOffice.

Render[in] ist ein Produkt von Abvent.
SketchUp™ ist eingetragenes Warenzeichen von Trimble Navigation Limited
Mac® ist eingetragenes Warenzeichen von Apple Inc©.
Windows® ist eingetragenes Warenzeichen von Microsoft Corporation©.

Bildnachweis:
Sketch-Shop, soweit nicht anders angegeben.

Haftungsausschluss
Das vorliegende Buch wurde mit größtmöglicher Sorgfalt erstellt. Da sich
Fehler jedoch nicht gänzlich ausschließen lassen, kann für die Fehlerfreiheit
keine Gewähr übernommen werden.
Anregungen und Hinweise nehmen wir gerne entgegen!

Die Autoren

Ebba Steffens ist ausgebildete Bautechnikerin und seit mehr als 20 Jahren selbstständig. Sie betreut mit Ihrem Unternehmen Sketch-Shop seit 2004 bundesweit Anwender von SketchUp und bietet Schulungen zu SketchUp und auch Render[in] an.

Bei der Einführung von SketchUp in Deutschland gehörte Ebba Steffens mit Ihrem Unternehmen zu den ersten autorisierten SketchUp-Händlern und kennt so SketchUp von Anfang an.

Seit 2012 bietet sie in Ergänzung zu SketchUp auch Render[in] für das Erstellen von fotorealistischen Bildern an. Das Schulungsangebot wurde auch entsprechend erweitert. Die Erfahrungen hieraus und aus der parallel laufenden Supporttätigkeit rund um Render[in] sind in dieses Buch maßgeblich eingeflossen.

Dipl.-Geogr. **Holger Faust** hat auch bei der Ausarbeitung des Render[in]-Buches die Übungen der Autorin weitgehend ohne SketchUp- bzw. Render[in]-Kenntnisse nachvollzogen und beschrieben, so dass sie für Einsteiger wie für Fortgeschrittene leicht verständlich und einfach nachzuvollziehen sind.

Gemeinsam mit Ebba Steffens führt er heute das Unternehmen **Sketch-Shop.**

Inhalt

Inhaltsverzeichnis

Vorwort

Vorwort zur 6. Auflage

Mit der Version 3 von Render[in] hat das Programm eine komplett neue Render-Maschine erhalten, die das Arbeiten mit den unterschiedlichen Einstellungen bei Materialien, Licht etc. deutlich verändert. Dies hat uns dazu bewogen, das Buch noch einmal zu überarbeiten.

In diesem Zusammenhang sind wir dem Wunsch vieler Anwender nachgekommen und haben das Buch gleichzeitig mit vielen Beispielen aus unterschiedlichen Anwendungsbereichen sowie praxisnahmen Tipps zu den einzelnen Programmteilen und Funktionen deutlich erweitert.

Damit wird es dem Leser und Anwender nochmals vereinfacht, die Ergebnisse mit Render[in] zu erzielen, die sie erwarten.

Holger Faust im Januar 2018

Vorwort zur 1. Auflage

Die Darstellung fertiger Modelle hat in SketchUp immer einen gezeichneten Charakter. Das ist auf der einen Seite das Ziel von SketchUp, was sich auch in dem Namen des Programms ausdrückt, und zum anderen an einem fehlenden Renderer liegt, der nicht Bestandteil des Programms ist. Darüber hinaus fehlt vielen Anwendern die Möglichkeit, mit Leuchten und Lichteffekten Modelle realistischer darzustellen. Um an dieser Stelle einen Entwurf hochwertiger, bis hin zu fotorealistisch darzustellen, muss man auf ein Zusatzprogramm zurückgreifen, wie es Render[in] ist.

Als sogenanntes Plug-In ist Render[in] unmittelbar in SketchUp integriert und muss nicht als Zusatzprogramm nebenher gestartet werden. Damit ist ein Importieren von SketchUp-Dateien nicht erforderlich, man arbeitet unmittelbar in SketchUp weiter und sieht in einem kleinen Vorschaufenster live alle Änderungen am Modell.

Auch wenn die Bedienung des Programms damit denkbar einfach ist, wurden wir auch in Bezug auf Render[in] immer wieder auf ein Handbuch angesprochen - auch im Hinblick darauf, dass Render[in] nur in englischer Sprache verfügbar ist.

Diesem Wunsch haben wir entsprochen und dieses Handbuch zu Render[in] verfasst, das Sie durch die einzelnen Einstellungsmöglichkeiten führt, Ihnen zeigt, wie Sie mit Leuchten arbeiten und am Ende ein optimales Rendering abspeichern.

Holger Faust im Januar 2013

Installation und Registrierung

Installation und Registrierung

Programminstallation

Für die Installation von Render[in] steht für Windows- und Mac-Rechner eine einheitliche Installationsdatei zur Verfügung. Diese kann über die Homepage von Sketch-Shop unter der
folgenden Adresse herunter geladen werden:

www.sketch-shop.de/sketchup-download.html

Speichern Sie die verpackte Installationsdatei (zip-Datei) auf Ihrem Rechner. Entpacken Sie die
darin enthaltene rbz-Datei in einen beliebigen Ordner auf Ihrem Rechner.

SketchUp Pro 2018 und 2017: Starten Sie SketchUp und öffnen Sie über Fenster den Erweite-
rungs-Manager. Unten links finden Sie dann den roten Button "Erweiterung installieren".

Wählen Sie hier die entpackte rbz Datei und bestätigen Sie die Auswahl mit "Öffnen". Nach
der Installation sollte Render[in] als aktiviert gekennzeichnet sein.

SketchUp Pro 2016 und 2015: Starten Sie SketchUp und öffnen Sie über Fenster > Voreinstellungen (Windows) oder SketchUp > Voreinstellungen (Mac OS X) die "Voreinstellungen".

Wählen Sie hier die Option "Erweiterungen". Unten rechts finden Sie dann den Button "Erweiterung installieren...".

Wählen Sie hier die rbz-Datei aus und bestätigen Sie die Auswahl mit "Öffnen". Bestätigen
Sie die Abfrage im folgenden Kontrollfenster, das sich öffnet. Damit schließen Sie die Installation ab.

Nach der Installation finden Sie zu Render[in] keinen eigenen Programm-Ordner oder ein
Programm-Ikon, es ist direkt in SketchUp integriert.

Dazu finden Sie in SketchUp ein neues Pulldown-Menü mit Namen **Erweiterungen** (*falls Sie bisher noch kein anderes Plug-In installiert hatten*). An dieser Stelle wurde das Menü **Render[in] 3** hinzugefügt, über das Sie alle Funktionen von Render[in] erreichen.

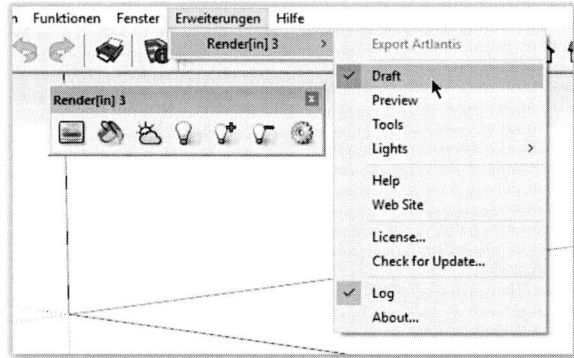

Zusätzlich ist eine neue Ikon-Leiste eingeblendet: **Render[in] 3**. Sollte dies nicht der Fall sein, können Sie die Leiste über das Menü *Symbolleisten* einschalten.

Registrierung

Nach der Installation steht Ihnen Render[in] mit seinem vollen Funktionsumfang zur Verfügung. Solange Sie das Programm jedoch noch nicht freigeschaltet haben, ist am Ende des Renderings im fertigen Bild ein roter Balken mit der Beschriftung Render[in] eingesetzt (Demomodus).

Die Freischaltung von Render[in] ist denkbar einfach. Klicken Sie im Render[in]-Menü auf den Punkt License... Damit starten Sie den License Manager:

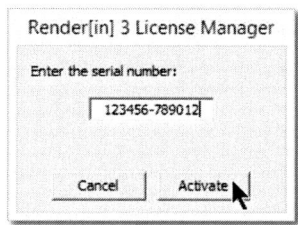

Geben Sie hier die von Ihrem Händler übermittelte Seriennummer ein und bestätigen Sie die Eingabe durch einen Klick auf den Schalter **Activate**.

War die Registrierung erfolgreich, dann ändert der Schalter Activate seine Bezeichnung auf **Close**. Damit können Sie dann den Lizensierungsvorgang abschließen.

Hinweis:
Für die Registrierung müssen Sie **online** sein, damit die Nummer abgeglichen und registriert werden kann. Nach der erfolgreichen Registrierung können Sie auch offline mit dem Programm arbeiten.

Deaktivierung bei Deinstallation, Rechnerwechsel oder Neuinstallation

Auch wenn Sie nach der Aktivierung der Lizenz vielleicht noch gar nicht mit Render[in] gearbeitet haben, sei uns hier ein wichtiger Einwurf gestattet, der uns auch ein kleines Unterkapitel wert ist.

Sie können die Render[in] Lizenz grundsätzlich nur auf einem Rechner verwenden! Wenn Sie Render[in] auf einem anderen Rechner einsetzen möchten, müssen Sie die Lizenz zuerst deaktivieren, bevor die Lizenz auf dem anderen Rechner genutzt werden kann.

 Hinweis:
Bevor Sie Render[in] von einem Rechner entfernen, bitte immer zuvor die Lizenz **deaktivieren**!

Starten Sie dazu den License Manager im Render[in]-Menü über den Punkt License… und drücken Sie abschließend den Schalter **Deactivate**.

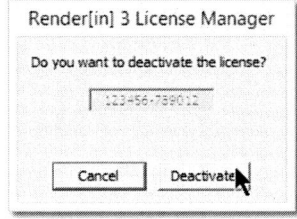

Nach der erfolgreichen Deaktivierung wechselt der Schalter Deactivate die Bezeichnung in **OK**. Mit einem Klick auf OK beenden Sie den License Manager.

 Hinweis:
Auch für das Deaktivieren müssen Sie online sein, damit die Nummer abgeglichen und aus der Registrierungsdatenbank ausgetragen werden kann.

Zur kompletten **Deinstallation** löschen Sie unter Windows im Verzeichnis c:\User*Ihr User Name* \AppData\Roaming\ SketchUp\SketchUp *Versionsnummer* \SketchUp\Plugins\ die Datei **Renderin3_load.rb** und das Verzeichnis **Abvent_Renderin3**.

Unter Mac löschen Sie die beiden Dateien **Renderin3_load.rb** und **Renderin3_Bundle**, die Sie über den Finder im Ordner /Libary/Application Support/SketchUp *Versionsnummer* /SketchUp/ Plugins/ finden.

Nach dem erfolgreichen Deaktivieren können Sie Ihre Render[in]-Lizenz auf dem anderen Rechner erneut freischalten (siehe Kapital vor).

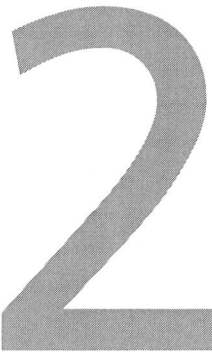

Programmübersicht und
grundlegende Tipps

Programmübersicht und grundlegende Tipps

Einleitung

Wenn Sie mit Render[in] von Ihrem SketchUp-Modell ein Rendering erstellen, dann gehen Sie so ähnlich vor, als würden Sie ein Foto von Ihrem Modell machen wollen.

Sie stellen in SketchUp die Ansicht auf Ihr Modell so ein, wie Sie es im Rendering dargestellt haben möchten. Über die Einstellungen von Render[in] bestimmen Sie Qualität, Belichtung, Hintergrund, Materialien und speichern es in einer frei zu wählenden Auflösung als Bild ab.

Das fertige Resultat ist wie ein Foto von Ihrem Modell - eben fotorealistisch.

In den nächsten Kapiteln beschreiben wir die einzelnen Einstellungsmöglichkeiten, zeigen Ihnen wie Sie Effekte in den gewählten Materialien einsetzen und mit Lichtquellen Ihr Modell in Szene setzen.

Benutzeroberfläche

Beim Arbeiten mit Render[in] sind im Wesentlichen zwei Fenster wichtig, die Sie immer wieder verwenden werden:

- das Vorschaufenster
- das Tools-Fenster mit den einzelnen Werkzeugen zur Voreinstellung

Im Bild oben sehen Sie die SketchUp Zeichenfläche mit dem Render[in] Vorschau- und dem Tools-Fenster. Im ersten Schritt schalten Sie diese beiden Fenster über das Pulldown-Menü Erweiterungen > Render[in] 3 > Preview und Tools ein.

Vorschaufenster

Wie einleitend bereits beschrieben, ist Render[in] komplett in SketchUp integriert. Sie können Ihre Arbeit in SketchUp wie gewohnt fortsetzen. Im Vorschaufenster wird das aktuelle SketchUp-Modell in der Sicht gezeigt, die Sie in SketchUp gewählt haben.

ⓘ Hinweis:
Die Qualität der Darstellung im Vorschaufenster wird über die Option *Draft* im Pulldown-Menü gesteuert: Ist die Option *Draft* aktiviert, dann wird das Bild schneller aufgebaut. Soll die Vorschau dem finalen Rendering nahe kommen, deaktivieren Sie diese Option.

Ändern Sie sich die Sicht auf Ihr Modell zum Beispiel mit der Rotierfunktion, wird auch das Bild im Vorschaufenster unmittelbar automatsch aktualisiert.

3 - Regenerate

Anders verhält es sich mit Änderungen am Modell, wenn Sie also zum Beispiel Elemente verändern oder löschen, dann wird das Vorschaufenster nicht automatisch aktualisiert. In diesem Fall muss das Vorschaufenster manuell aktualisiert werden. Drücken Sie dazu den Schalter **Regenerate**.

Rechts neben dem Schalter Regenerate sehen Sie eine kleine quadratische Fläche. Wenn Sie den Schalter betätigen und das Bild neu gerechnet wird, wechselt diese Fläche die Farbe auf Rot, was bedeutet, das der Berechnungsprozess aktiv ist und das Bild noch nicht fertig berechnet ist. Wechselt die Farbe wieder auf Grün, ist der Prozess abgeschlossen.

Im Vorschaufenster können Sie auch die ersten beiden Einstellungen vornehmen, die später Einfluss auf das Ergebnis des fertigen Renderings haben.

1 - Schieberegler ISO - Lichtempfindlichkeit

Analog zur Lichtempfindlichkeit, die man von Filmen und heute bei Digitalkameras kennt, kann über diesen Schieberegler die Lichtempfindlichkeit eingestellt werden.

So wie Sie bei höherer Lichtempfindlichkeit bei gleicher Belichtungszeit in dunklerer Umgebung fotografieren können, haben Sie hier die Möglichkeit, durch Anpassung über den Schieberegler die Empfindlichkeit anzupassen, wenn Sie zum Beispiel eine Abendsituation rendern möchten. Je höher der Wert, desto empfindlicher ist der Lichtsensor. Die Werte reichen von 1 bis 1600.

Welche Einstellung/Belichtung sinnvoll ist, ergibt sich aus der Situation im Modell, also welche Tageszeit Sie gewählt haben. Der Standardwert liegt bei 100 ISO.

Architektur Kamera

Unmittelbar links neben dem ISO-Schieberegler finden Sie den Schalter **Architektur-Kamera** für einen besonderen, visuellen Effekt. Diese Funktion eignet sich gut für hohe Gebäude sowie für andere große Objekte. Mit dieser Technik erhalten Sie eine 2-Punkt-Perspektive, bei der die vertikalen Linien parallel bleiben. Ein Effekt, der gerade in der Architekturdarstellung oft gewünscht ist.

Patrick Griffin - New World Trade Center - 3dwarehouse.sketchup.com

2 - Schieberegler 1 / Shutter - Verschlusszeit

Wie bei einer Kamera muss bei einer Veränderung der Lichtempfindlichkeit (ISO) die Verschlusszeit angepasst werden.

Je niedriger die ISO eingestellt ist, umso weniger empfindlich ist der Sensor dann auch für das einfallende Licht. Das bedeutet, dass länger belichtet werden muss, um ein gut ausgeleuchtetes Bild zu bekommen. Je höher der ISO-Wert eingestellt ist, umso mehr ist der Sensor demnach für das Licht empfindlich und umso kürzer muss belichtet werden.

Diese Belichtungszeit können Sie mit diesem Schieber einstellen. Es stehen Ihnen Verschlusszeiten von 1/1 s bis 1/1600 s zur Verfügung.

Info:

Hobbyfotografen sind hier klar im Vorteil, denn das Zusammenspiel von ISO und Verschluss-zeit ist eine wesentliche Grundlage für gutes Fotografieren. Haben Sie an dieser Stelle nicht so viel Erfahrung, bietet Ihnen das Internet viele hilfreiche Seiten.

4 - Render-Einstellungen

Dieser Schalter öffnet die Render[in] Tools, die Ihnen alle Option für die Voreinstellungen des Renderings liefert. Bevor Sie die Berechnung das Rendering starten, müssen Sie an dieser Stelle die erforderlichen Einstellungen vornehmen (*siehe Kapitel Rendering-Werkzeuge*).

5 - Render

Der Button **Render** kommt erst zum Einsatz, wenn Sie das fertige Modell als Rendering ab-speichern möchten. Wenn Sie diesen Button betätigen, werden Sie nach dem Speicherort der Render-Datei und dem Ausgabeformat gefragt. Zu diesem Punkt kommen wir aber erst zu einem späteren Zeitpunkt, wenn alle erforderlichen Einstellungsmöglichkeiten beschrieben sind, die Einfluss auf das Ergebnis des Renderings nehmen.

Render[in]-Menü

Das Render[in]-Menü ist die Basis von Render[in], über dieses Menü haben Sie Zugriff auf sämtliche Funktionen von Render[in]:

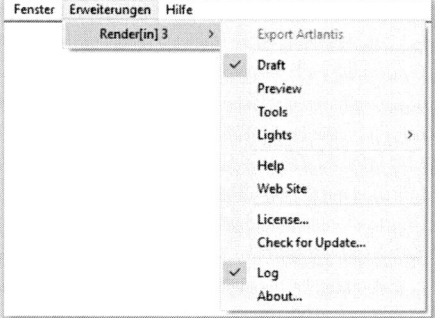

Draft

Über diese Option definieren Sie Qualität der Darstellung im Vorschaufenster (Preview). Ist die Option *Draft* aktiviert, dann wird das Bild in der Vorschau schneller aufgebaut. Soll die Vorschau dem finalen Rendering nahe kommen, deaktivieren Sie diese Option. Beachten Sie dabei aber, dass der Bildaufbau im Vorschaufenster dann jedoch deutlich länger dauert.

Preview

Über diesen Menü-Punkt schalten Sie das Vorschaufenster ein. Eine ausführliche Beschreibung zum Vorschaufenster finden Sie im vorherigen Kapitel.

Tools

Der Menü-Punkt Tools aktiviert das Tools-Fenster mit den einzelnen Werkzeugen, über die Sie sämtliche Einstellungen Parameteranpassungen vornehmen können. Die einzelnen Werkzeuge und damit zusammengefasst das Tools-Fenster beschreiben wir ausführlich in den nachfolgenden Kapiteln.

Lights

Hier finden Sie in einem Untermenü zwei weitere Menüpunkte, über die Sie Lichtquellen erstellen und wieder löschen können.

Help, Website, License und Update-Check

All diesen Menüpunkten ist eines gemeinsam: um sie nutzen zu können müssen Sie online sein! Sie finden über **Help** auf der Webseite des Herstellers eine kurze Online-Dokumentation in englischer Sprache. Auf die allgemeine Webseite des Herstellers gelangen Sie über den Punkt **Website**. Den Punkt License haben wir zu Anfang in einem eigenen Kapitel beschrieben. Und über den letzten Punkt können Sie nach **Updates zu Render[in]** suchen.

Log

Wenn Sie diese Option aktiviert haben, schreibt Render[in] im Hintergrund eine s.g. Log-Datei, in der mögliche Fehler protokolliert werden. Wir empfehlen Ihnen, diese Option einzuschalten, denn mit Hilfe dieser Datei kann Ihnen im Supportfall einfacher und schneller geholfen werden.

Sie finden die Log-Datei Renderin3.log bei Windows im Verzeichnis:
C:\Users\Ihr Benutzer-Name\Renderin3.log

Und bei Mac unter: HD/Users/ Ihr Benutzer-Name /Renderin3.log

About

Der letzte Menüpunkt gibt Ihnen einen kurzen Überblick über die installierte Version von Render[in], ihre Lizenz und Informationen zum Hersteller.

Render[in]-Toolbar

Über die Toolbar haben Sie, im Vergleich zum Pulldown-Menü von Render[in], einen deutlich schnellen Zugriff auf die einzelnen Werkzeuge, mit denen Sie sämtliche Einstellungen für Ihr Rendering vornehmen.

Neben den einzelnen Werkzeugen (Material, Umgebung, Licht und Rendering) können Sie über die Buttons *Create Light* und *Delete Lights* schnell Lichtquellen erstellen bzw. löschen. Das Licht-Werkzeug hingegen ist dafür da, das Verhalten der erstellten Lichtquellen zu steuern.

Die Toolbar wird bei Installation eingeblendet. Sollte dies nicht der Fall sein, können Sie die Toolbar über das Pulldown-Menü *Ansicht > Symbolleisten > Render[in] 3* nachträglich aktiv schalten und frei in SketchUp positionieren.

Grundlegende Tipps und Hinweise

Bevor wir die einzelnen Werkzeuge und die damit verbundenen Einstellungen im Detail erläutern, möchten wir Sie auf einige wichtige Dinge hinweisen, die nicht nur bei den ersten Schritten sondern auch beim späteren Arbeiten mit Render[in] wichtig sind und die Sie beachten sollten, um Irritationen im Umgang mit Render[in] zu vermeiden:

Schalter Regenerate ist inaktiv

Wenn Sie während des Arbeitens mit SketchUp das Vorschaufenster aktualisieren möchten, kann es sein, dass der Schalter Regenerate nicht aktiv ist. Dies liegt daran, dass Sie sich in SketchUp innerhalb einer Gruppe oder Komponente befinden.

Sie können den Schalter nur betätigen, wenn Sie sich frei im Modell befinden. Verlassen Sie also die Gruppe bzw. Komponente, dann steht Ihnen die Funktion wieder zur Verfügung.

Objekte/Elemente sind im Modell, aber nicht im Vorschaufenster zu sehen

Wenn Sie im Modell ein Objekt haben, das im Vorschaufenster bzw. im fertigen Rendering nicht zu sehen ist, dann ist der Layer, auf dem dieses Element liegt, nicht sichtbar geschaltet!

Dies ist ein Sonderfall der im Zusammenhang mit Komponenten/Gruppen auftritt. Liegt ein Element innerhalb der Komponente oder Gruppe auf einem **Layer**, der **ausgeschaltet** ist, dann ist das Element in SketchUp innerhalb der Komponente/Gruppe zwar zu sehen, wird jedoch von Render[in] nicht angezeigt. Öffnen Sie die Komponente/Gruppe, markieren Sie das nicht sichtbare Element und verschieben Sie es über die Elementinformation in einen eingeschalteten Layer.

Texturen oder Farben sind nicht zu sehen

In der Regel werden Texturen und Farben von Render[in] nur dann angezeigt und verwendet, wenn sie auf der **Vorderseite** der Flächen aufgebracht sind. Wählen oder erstellen Sie daher einen Stil mit auffälligen Vorder-/Rückseitenfarbe, damit Sie direkt erkennen können, welche Fläche noch nicht texturiert ist!

Wenn Sie eine Textur oder Farbe nicht angezeigt wird, dann wählen Sie das betreffende Element aus, klicken Sie es mit der rechten Maustaste an und wählen Sie im Kontextmenü die Option Fläche umkehren. Dann übertragen Sie die Textur bzw. Farbe wenn erforderlich auch auf die Vorderseite.

Bild an einer Wand

Zur Ausgestaltung eines Innenraums kann es sinnvoll sein, ein Bild an eine Wand zu hängen. Dabei können Sie eine beliebige Bild-Datei verwenden und diese als Bild importieren. In einigen Fällen haben wir beobachtet, dass, je nach Art der Bilddatei, das Bild in Render[in] nicht dargestellt wird.

 Tipp:
Zeichnen Sie in einem solchen Fall einfach ein Rechteck im Format des Bildes an die Wand und importieren Sie das Bild als Textur auf diese Fläche. Wenn Sie dem Objekt mit dem Drücken/Ziehen-Werkzeug zusätzlich eine geringe Höhe geben, wirkt es auch noch deutlich realistischer.

Schnitte werden nicht berücksichtigt

Verwenden Sie in Ihrem Modell Schnitte, dann werden diese von Render[in] nicht berücksichtigt und nicht dargestellt!

Wollen Sie zum Beispiel in einen geschlossenen Raum hinein schauen, dann müssen Sie die "störenden" Objekte ausblenden. Bilden Sie aus jeder Wand eine einzelne Gruppe, dann können Sie diese jeweils ausblenden um in einen Raum hineinzuschauen. Weitere Tipps hierzu finden Sie im Kapitel *Innenraumperspektive*!

Darstellung von Linien

Haben Sie in Ihrem Modell Elemente gezeichnet, die nur aus einfachen Linien bestehen, also keine Fläche sind oder kein Volumen haben, dann werden diese Elemente von Render[in] nicht berücksichtigt und nicht angezeigt.

Haben Sie zum Beispiel als Boden eine Fläche angelegt und dort mit Linien eine Art Fliesenmuster erstellt, dann wird einfach nur die Fläche angezeigt. Hier müssen Sie entweder eine Fliesentextur verwenden oder die Fugen jeweils als Flächen zeichnen und diese etwas herunterdrücken.

Refresh des Vorschaufensters

Haben Sie viel mit den Einstellungen von Render[in] gearbeitet, dann kann es sein, dass sich das Vorschaufenster manchmal nicht mehr komplett regeneriert, so dass Sie eine fehlerhafte, lückenhafte oder nicht mehr richtig ausgeleuchtete Darstellung Ihres Modells haben.

Schließen Sie dann die Modelldatei, öffnen Sie eine neue, leere(!) Datei und öffnen Sie das Vorschaufenster von Render[in]. Danach können Sie Ihre eigentliche Modelldatei wieder öffnen.

 Tipp:
Denken Sie generell zwischendurch auch immer mal wieder daran, Ihr Modell zu bereinigen. Öffnen Sie dazu über das Pull-Down-Menü Fenster die *Modellinformationen*. Klicken Sie hier die Option *Statistik* an und drücken Sie den Button *Nicht verwendete löschen*.

Wenn alles nicht hilft, löschen Sie auf Ihrem Rechner die Temporären Dateien. Ein hilfreiches Programm ist hier der CCleaner, für Windows und auch für MAC.

Die Render[in]-Werkzeuge

Die Render[in]-Werkzeuge

Render[in] stellt für alle erforderlichen Einstellungen besondere Werkzeuge zur Verfügung, die Sie gezielt zum gewünschten Rendering-Ergebnis führen.

Die Werkzeuge sind thematisch gegliedert und einfach und schnell über die **Render[in]-Toolbar** aufzurufen und werden dann über das jeweilige **Tool-Fenster** gesteuert. Sie finden Werkzeuge für die folgenden Bereiche:

- Material
- Umgebung
- Licht
- Rendering

In den nachfolgenden Kapiteln wird jedes Werkzeug vorgestellt. Eine ausführlichere Beschreibung gibt es noch in den Kapiteln: **Material und Umgebung** sowie **Leuchten und Lichtquellen**.

Das Material-Werkzeug

Mit Hilfe des Material-Werkzeuges können Sie alle Materialien (Texturen, Farben), die Sie in SketchUp zugewiesen haben, für das Rendern optimieren.

Sie wählen frei, bei welchem Material in Ihrem SketchUp-Modell Sie die gewünschten Eigenschaften verändern möchten. Dabei können Sie zum Beispiel, ganz gezielt nur an einem Element Einstellungen ändern, um besondere Effekte zu erzielen.

Die Änderungen erfolgen in engem Zusammenspiel mit dem Materialbrowser von SketchUp:

Um ein Material zu ändern, klicken Sie mit der linken Maustaste oben im Material-Werkzeug auf die Kachel (*im nächsten Bild mit der Nummer1 bezeichnet*), die das gewünschte Material anzeigt.

Render[in] springt automatisch in den Materialbrowser von SketchUp. Die Karteikarte **Im Modell** zeigt Ihnen alle Materialien, die Sie aktuell in Ihrem Modell verwenden. Klicken Sie das Material an, dessen Eigenschaften Sie ändern möchten.

 Hinweis:
Sie können zur Auswahl des gewünschten Materials auch die Pipette verwenden. Klicken Sie dazu auf das Pipetten-Symbol und wählen Sie in Ihrem Modell, mit einem Klick auf das Element, das Material, dessen Eigenschaften Sie ändern möchten, aus.

Im Material-Werkzeug wird nun das **ausgewählte Material angezeigt** und die in SketchUp verwendete Bezeichnung eingeblendet.

Die Optionsschalter sind Regler, die Sie frei hin und her schieben können, um die Einstellungen zu ändern. Sie haben aber auch die Möglichkeit, dort über das Wertefeld einen bestimmten Wert einzugeben.

 Hinweis:

Wenn Sie eine Einstellung verändern, dann sehen Sie Änderung unmittelbar im Vorschaufenster von Render[in]. Die Änderungen haben jedoch keinerlei Auswirkungen auf die Darstellung Ihres Modells in SketchUp. Die Darstellung im SketchUp-Modell ändert sich also nicht!

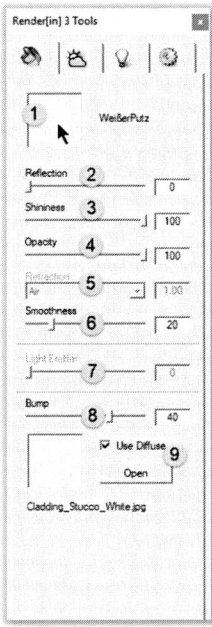

Im Material-Werkzeug können Sie die Wirkung der Materialen über folgende Einstellungen verändern:

1 - Material

Hier werden das zu ändernde Material und der verwendete Name angezeigt und abgebildet.

2 - Reflection

Über diesen Schalter wird einem Material die Eigenschaft **Reflektion** zugewiesen. Hierdurch reflektiert zum Beispiel Glas die Umgebung. Durch die Erhöhung des Reflektionswertes auf den Maximalwert kann eine Fläche zu einem Spiegel werden. Der Wert für die maximale Intensität der Reflektion liegt bei 100, bei dem Wert 0 findet keine Reflektion statt.

3 - Shininess

Dieser Wert bestimmt den **Glanz** des Materials und interagiert intensiv mit den Einstellungen zur Reflektion des Materials (siehe Reflection-Parameter). Je höher der Wert (maximal 100), desto größer ist der Glanz der Fläche. Bei kleinerem Wert erzielt man einen matten Glanz. Erhöhen Sie gleichzeitig den Wert für die Reflektion, dann werden z.B. in glänzenden Flächen andere Elemente gespiegelt.

4 - Opacity

Der Wert Opacity bestimmt die **Transparenz** eines Materials, bewegen Sie den Schieberegler oder geben Sie einen numerischen Wert ein. Bei dem Wert 0 ist das Material komplett durchsichtig, beim Wert 100 ist das Element undurchsichtig. Der Wert **Deckkraft** im SketchUp Materialbrowser ändert sich synchron dazu.

Soll die Fläche zum Beispiel leicht durchscheinend sein, dann erhöhen Sie mit dem Schieberegler langsam den Wert und beobachten Sie im Vorschaufenster die Veränderung, bis der gewünschte Effekt erreicht ist.

5 - Refraction

Als **Lichtbrechung** oder auch **Refraktion** wird die Änderung der Ausbreitungsrichtung einer Lichtwelle bezeichnet. An Grenzflächen tritt durch Brechung ein Knick im Strahl des Lichts auf. Wie stark diese Ablenkung ist, wird über diese Eigenschaft gesteuert.

Die Option Refraction lässt sich nur auf **transparente** Materialien anwenden!

Das Licht wird von Materialien unterschiedlich (stark) gebrochen, so dass sich zum Beispiel für Luft: 1; Wasser: 1,33; Glas: 1,50; Eis: 3,30 die angegebenen Werte empfehlen. Sie finden über das Auswahlfeld zahlreiche Voreinstellungen. Mit der Einstellung Special können Sie auch einen freien Wert in das Eingabefeld eintragen.

6 - Smoothness

Smoothness bedeutet Glattheit oder Sanftheit. Über diesen Wert können Sie die gekrümmte Flächen, wie zum Beispiel bei einer Kugel, nachträglich glätten.

Gekrümmte Flächen sind in SketchUp Vielecke. Je nach dem, wie hoch der Wert für die Teilsegmente eingestellt ist, wird eine ausgeprägte Darstellung der Rundung erreicht. Über den Smoothness können Sie die **Glättung der Fläche** nachträglich noch verfeinern.

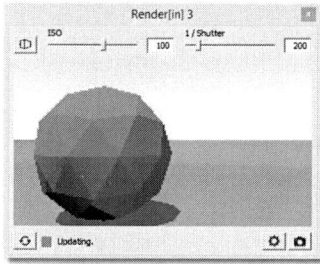

Smoothness-Wert: 0

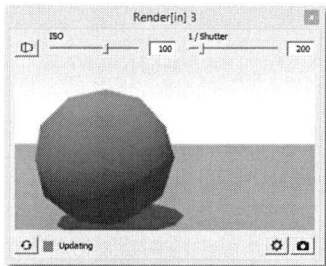

Smoothness-Wert: 100

Wählen Sie das Material der gekrümmten Fläche aus und bewegen Sie den Schieberegler oder geben Sie einen numerischen Wert ein. Bei Wert 100 ist die Fläche maximal geglättet.

7 - Light Emitter

Der Light Emitter fügt einem Material eine Art **Neon-Effekt** hinzu. Dieser Effekt hat jedoch nichts mit einer Neonleuchte/Leuchtstoffröhre zu tun. Dieses Thema behandeln wir in einem eigenen Kapitel zum Thema Leuchten und Lichtquellen.

Wenn Sie einem Material über den Light Emitter einen Wert zuweisen, dann "**leuchtet**" dieses Material. Es verhält sich anders als eine Lichtquelle. Sie haben mit dieser Funktion die Möglichkeit, zum Beispiel Leuchtbuchstaben, Kerzen oder Leuchtstäbe darzustellen.

Über den Schieberegler können Sie die Strahlkraft frei bestimmen. Bei dem Wert 100 emittiert das Material die maximale Lichtmenge. Sie können aber tatsächlich auch manuell höhere Zahlenwerte bis 500 eingeben.

Das Thema *Light Emitter* wird noch einmal ausführlicher im Kapitel Leuchten und Lichtquellen beschrieben.

8 - Bump

Die Bezeichnung Bump, auf Deutch **Beule oder Erhebung**, deutet es schon an: diese Einstellung ist nur anwendbar auf Materialien, die ein Texturbild hinterlegt haben. Über den Parameter Use diffuse wird die Struktur nachträglich verändert (*im nächsten Punkt beschrieben*).

 Hinweis:

Sie können diese Funktion nur einsetzen, wenn Sie ein Bild als Material verwendet haben oder aus dem Material-Browser von SketchUp ein Material mit Texturbild ausgewählt haben. Haben Sie eine Fläche mit einer "einfachen" **Farbe** belegt, dann steht Ihnen diese Funktion in Render[in] nicht zur Verfügung - die Option Bump ist dann ausgegraut und **deaktiviert**.

Hier ein Beispiel mit dem Material aus der SketchUp Bibliothek Holz: *Bauholz mit Stoßverbindung.*

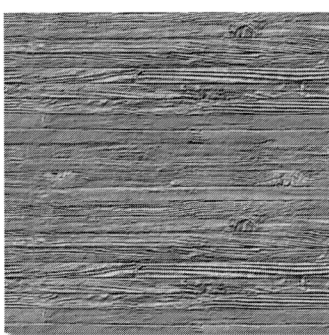

Bump-Wert: -100   *Bump-Wert: 100*

Beim ursprünglichen Bild sind die Strukturen flach wie bei einem Foto. Durch den maximalen Wert -100 (*Schieberegler ganz nach links*) werden die dunkleren Flächen eingedrückt, so dass das Material eine richtige, sichtbare marmorierte Struktur erhält, die sehr real wirkt.

Ähnliches bewirkt der Wert 100, nur dass hier stattdessen die dunkleren Bereiche angehoben werden. Probieren Sie dies einmal selbst mit der verwendeten Textur aus, sie gehört ja zum Lieferumfang von SketchUp, dann wird die Wirkung für Sie am Bildschirm deutlich.

9 - Use diffuse (*gehört zum Werkzeug Bump*)

Haben Sie ein Material oder Texturbild ausgewählt, dann ist zunächst die Option Use diffuse über die kleine Checkbox aktiviert. Das heißt, dass nur das verwendete Bild (Material) für den Bump-Effekt angewendet wird.

Über das Ausschalten von Use Diffuse, bzw. das anklicken des Buttons Open, ist es möglich, ein zweites Bild sozusagen unter die Textur zu legen. Wenn dann die Bump-Einstellungen geändert werden, wird sozusagen das darunter liegende Bild durch das darüber liegende Bild durchgedrückt.

In unserem Beispiel unten wurde als Grundlage wieder eine Textur aus der Materialbibliothek von SketchUp *Eloxiertes Aluminiummetall* gewählt und eine eigenes Bild, das einen *Baum ohne Laub* zeigt.

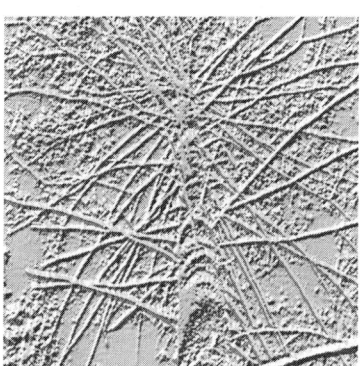

Bump-Wert: -100   *Bump-Wert: 100*

Über den Materialbrowser haben wir eine Fläche mit dem Aluminiummetall texturiert, so dass das Material im Render[in] Material-Werkzeug angezeigt wird. Jetzt wählen wir unter Use diffuse mit Klick auf den Button *Open* das Bild aus, das darunter abgebildet werden soll.

Wenn Sie jetzt den Wert für Bump verändern, dann drücken sich die Konturen des Baumes durch die Textur hindurch, so dass eine Prägung entsteht. Wie stark die Ausprägung ist, bestimmen Sie durch den Bump-Wert.

Wenn Sie das zweite Bild wieder entfernen möchten, dann aktivieren Sie die Checkbox bei der Option *Use Diffuse* einfach wieder und es wird wieder nur das Material verwendet.

 Hinweis:
Dem Thema Material haben wir weiter hinten im Buch ein ausführliches Kapitel gewidmet!

Das Umgebungs-Werkzeug

Über die zweite Registerkarte der Toolbox können Sie die Umgebung Ihres Modells verändern. Sie können dabei entscheiden, ob die Umgebungsvariablen von SketchUp verwendet werden oder ob Sie die Darstellung der Umgebung über Render[in] steuern möchten.

Render[in] bietet Ihnen an dieser Stelle natürlich viel mehr Möglichkeiten. Während Sie in SketchUp selbst über den verwendeten Stil lediglich einstellen können, ob Himmel und Boden in unterschiedlichen Farben dargestellt werden, bietet Render[in] besondere Features:

- Bodenfläche veränderbar
- 3D-Himmeldarstellung
- Verwendung eines 2D-Hintergrundbildes

Die SketchUp-Einstellungen zu Sonnenstand, Schatten und Norden werden von Render[in] übernommen und wie gewohnt über die entsprechenden Parameter in SketchUp geändert.

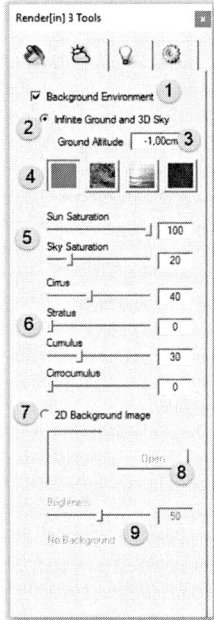

1 - Background Environment

Mit dieser Funktion entscheiden Sie, ob Sie die Umgebungseinstellungen (Boden, Sonne und Himmel) von SketchUp oder die Render[in]-Optionen verwenden möchten. Aktivieren Sie diese Option und die Render[in] eigenen Einstellungsparameter werden aktiviert.

Es stehen Ihnen zwei Möglichkeiten der Hintergrunddarstellung zur Verfügung:

- Infinite Ground and 3D Sky - (nachfolgende Einstellungen)
- 2D Background Image (Einbinden eines eigenen Hintergrundbildes) - siehe Punkt 7

 **Hinweis:**
Wie Sie in unserem verwendeten Beispiel sehen werden, spielt die Verwendung des Hinter-
grundes in erster Linie in der Architektur eine Rolle, wenn Sie Gebäude in Ihrer Außenwir-
kung darstellen oder Sie Ihr Modell in einer bestimmten, realen Umgebung präsentieren
möchten.

2 - Infinite Ground and 3D Sky

3 - Ground Altitude

Um einem Modell eine räumliche Abgrenzung zu geben, wird bei Gebäuden oftmals das
Grundstück in Form einer einfachen Fläche ohne Höhe ergänzt. Diese Fläche verschwindet
oftmals beim Rendern oder schimmert nur leicht durch (siehe nächstes Bild).

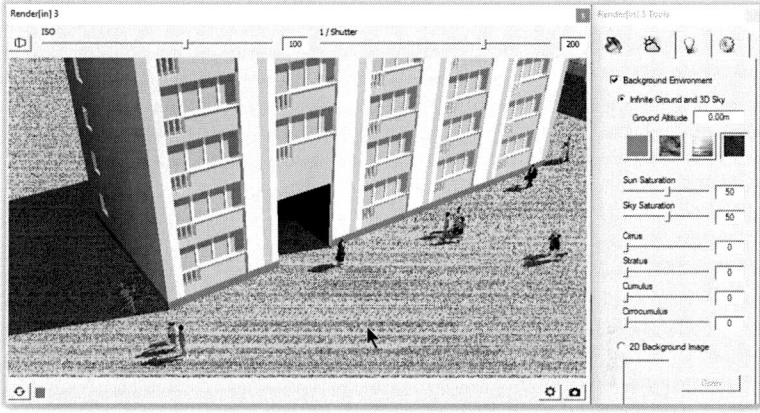

Um diesen Effekt zu vermeiden, müssen Sie entweder der Fläche mit Drücken/Ziehen eine
Höhe geben. Einfacher ist es, in Render[in] das **Geländeniveau** durch Eingabe eines Wertes
etwas nach unten zu schieben.

Geben Sie den gewünschten Wert in das Feld *Ground Altitude* ein. Meistens genügt schon
eine kleine Absenkung von 1 mm (Wert: -0,01cm oder -1.0mm), damit die Fläche korrekt
dargestellt wird.

Ebenso können Sie das Geländeniveau auch soweit absenken, dass zum Beispiel ein Kellerge-schoss sichtbar wird (Beispielwert: -2.75cm)

4 - Untergrund-Optionen

Haben Sie die Render[in]-Umgebung aktiviert, können Sie für den **Untergrund (Boden)** drei unterschiedliche Materialien wählen, an denen Sie allerdings nichts verändern können:

Wählen Sie die gewünschte Form des Untergrundes durch die Aktivierung des Optionsschal-ters unter dem jeweiligen Material aus.

Des Weiteren haben Sie die Möglichkeit, über die erste Farbkachel einen neutralen Farbton als Bodenfarbe auszuwählen (Standardwert: olivgrün). Mit Hilfe dieses Buttons können Sie die Darstellung des Untergrundes frei bestimmen:

- **Rechte** Maustaste: Auswahl einer anderen Farbe
- **Linke** Maustaste: Auswahl eines eigenen Bildes (Formate: jpg, bmp, png, tga, psd)

Klicken Sie mit der **rechten** Maustaste auf die erste Farbkachel, dann öffnet sich die folgende Dialogbox:

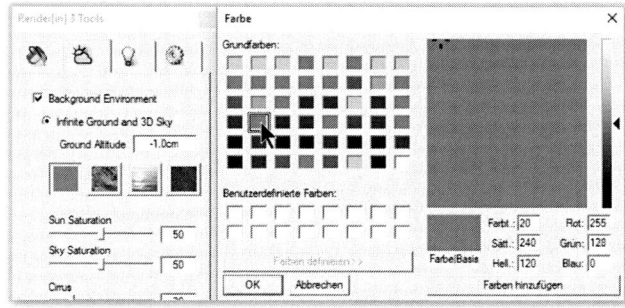

Hier können Sie eine Grundfarbe über die Farbkacheln auswählen, einen Farbwert eingeben oder über den Schieberegler am rechten Rand die Farbe frei bestimmen.

Klicken Sie hingegen mit der **linken** Maustaste auf die erste Farbkachel, öffnet sich eine Dialogbox, über die Sie eine Bilddatei frei auswählen können.

Folgende Dateiformate sind möglich: JEPG, BMP, PNG, TGA, PSD

Haben Sie eine Bilddatei ausgewählt, wird diese als Boden in Render[in] angezeigt.

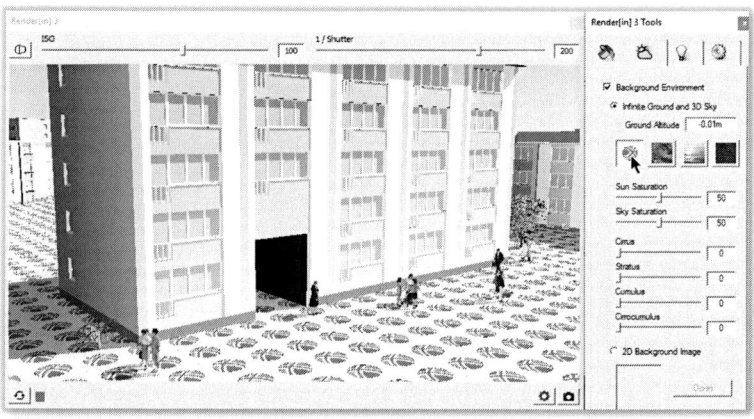

Achten Sie auf eine hohe Auflösung des Bildes und wählen Sie ein geeignetes Bild, so dass sich bei der verwendeten Kachelung durch Render[in] eine einheitliche Fläche ergibt.

5 - Sun- und Sky-Saturation

Render[in] verfügt über eine eigene Schattenfunktion, übernimmt dabei aber die Einstellungen von SketchUp. Das heißt, alle Einstellungen zum Sonnenstand etc. ändern Sie wie gewohnt in SketchUp.

Da bei großen Modellen die Programmgeschwindigkeit zurückgeht, wenn beim Arbeiten am Modell die Schatten aktiviert sind, schalten Sie daher die Schattenanzeige von SketchUp selbst aus. Damit sehen Sie im Vorschaufenster von Render[in] weiter die Schatten, was nicht zu Lasten der Rechengeschwindigkeit geht.

 Tipp:
Um die Arbeitsgeschwindigkeit am Modell noch weiter zu erhöhen, können Sie sogar die Texturen ausschalten, Render[in] stellt sie im Vorschaufenster dennoch dar.

Über den Optionsregler **Sun Saturation** können Sie die Intensität der Sonneneinstrahlung regeln. Die Ausleuchtung des Himmels steuern Sie über den Optionsregler **Sky Saturation**.

6 - Cirrus, Stratus, Cumulus, Cirrocumulus

Wie für den Boden stehen Ihnen auch für den Himmel verschiedene Funktionen zur Verfügung, um den Himmel möglichst individuell zu gestalten.

Anders als beim Boden greifen Sie aber nicht auf feste Bilder oder Farben zurück, vielmehr können Sie den Himmel über vier Schieberegler so einstellen, dass vom strahlend blauen Himmel (Standardeinstellung - alle Regler auf Null) bis zum dunklen Regenhimmel alles möglich ist.

Möglich wird dies durch die Verwendung bzw. Kombination von unterschiedlichen Wolkenbildern, die den Charakter des Himmelsbildes bestimmen:

Cirrus (Federwolke), Stratus (tiefe Schichtwolken), Cumulus (Haufenwolken), Cirrocumulus (kleine Schäfchenwolke).

Durch das Schieben der Regler verändern Sie frei das **Wolkenbild**. Probieren Sie es einfach aus. Kombinieren Sie auch die unterschiedlichen Wolkenarten, so zum Beispiel die tiefliegende Stratus-Bewölkung mit höher liegenden Cirren oder Cirrocumulus. So ergeben sich sehr realistische Wolkenbilder.

Verteilen Sie sanfte Schäfchen-Wolken am blauen Himmel, wie sich der Sommerhimmel oft darstellt...

...oder lassen Sie ein "dramatisches, herbstliches Wolkenbild" entstehen.

7 - 2D Background Image

Neben den Einstellungen des Hintergrundes durch die Render[in]-Funktionen haben Sie die Möglichkeit, ein **eigenes Bild als Hintergrund** einzusetzen.

Diese Funktion bietet sich an, wenn Sie Ihr Modell in die reale Umgebung einbinden möchten, in der es nach der Realisierung auch stehen wird. Dies kann eine Baulücke, ein zu bebauendes Grundstück, eine Messehalle, ein Innenraum oder jede andere Umgebung sein, in dem später das entwickelte Modell stehen wird.

Aktivieren Sie mit einem Klick auf den Optionsschalter vor *2D Background Image*, diese Funktion. Bei dem Klick öffnet sich unmittelbar eine Dialogbox, über die Sie eine Bilddatei frei auswählen können. Auch an dieser Stelle sind wieder die folgenden Dateiformate möglich: JEPG, BMP, PNG, TGA, PSD

 Hinweis:
Die Funktionen von *Infinite Ground an 3D Sky* werden durch die Wahl dieser Option natürlich deaktiviert.

Wählen Sie ein passendes Bild aus, in welches das Modell integriert werden soll. Sie müssen nun die Position Ihres Modells in SketchUp noch verändern, so dass es genau in das gewählte Bild passt. Erstellen Sie von der passenden Position eine Szene, damit Sie mit einem Klick in die Position zurückkehren können.

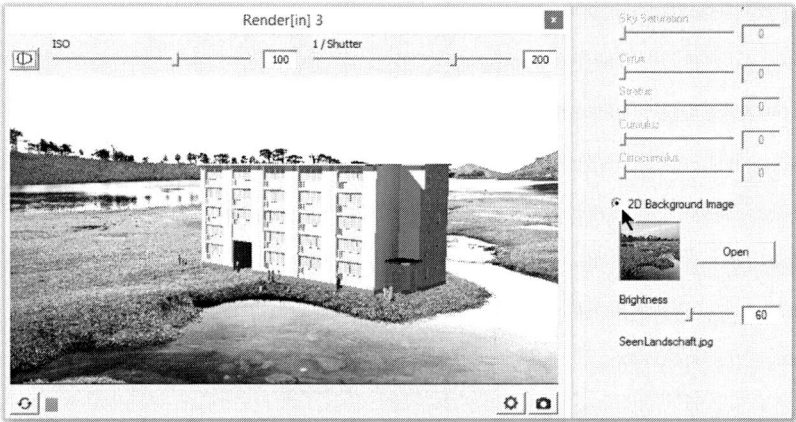

Wenn Sie zu einem späteren Zeitpunkt das Hintergrundbild ändern möchten, klicken Sie auf den Button *Open* und wählen Sie eine andere Bilddatei aus.

 Wichtiger Hinweis:
Das von Ihnen ausgewählte Bild, bestimmt das Seitenverhältnis der Vorschau. Die Größe des ausgewählten Bildes wird automatisch in die Wertefelder *Width* und *Height* im Rendering-Werkzeug übernommen (siehe nächstes Kapitel) und bestimmt damit auch das Ausgabeformat, ebenso ist hier die Option *Get view size* deaktiviert. Sie können zwar weiterhin das Ausgabeformat in der Größe verändern, beachten Sie aber, dass das gewählte Hintergrundbild beim Rendering dann unscharf werden kann.

Das Licht-Werkzeug

In SketchUp selbst ist es nicht möglich, Lichtquellen zu erstellen, um ein Modell damit auszuleuchten. Render[in] erweitert SketchUp in diesem Bereich und bietet die Möglichkeit, Komponenten oder Gruppen als Leuchten bzw. Lichtquellen einzusetzen.

Wie Sie solche Komponenten erstellen können, erläutern wir in einem Extra-Kapitel im Anschluss. Mit dem an dieser Stelle beschriebenen Licht-Werkzeug werden die fertigen Leuchten in einem Modell nur verwaltet, indem Sie zum Beispiel ein- und ausgeschaltet werden oder die Lichtintensität bzw. Leuchtkraft verändert wird.

Ebenso wie beim Material-Werkzeug gelten die Einstellungen für Licht nicht global, sondern beziehen sich vielmehr auf jede einzelne Lichtquelle.

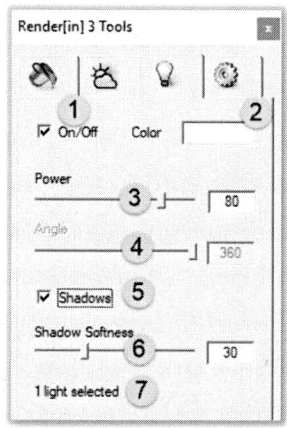

Im vorstehenden Bild sehen Sie die verschiedenen Einstellungsmöglichkeiten, die wir im Folgenden genauer erläutern werden.

Hinweis:
Die Optionsfelder und Schieberegler werden erst dann aktiv, wenn Sie in Ihrem Modell eine Komponente ausgewählt haben, die zuvor als Leuchte definiert wurde (Funktion *Create light*).

Wichtiger Hinweis:
Wenn Sie eine Geometrie in SketchUp als Lichtquelle (Leuchtmittel) für Render[in] definieren, ist dieses Objekt im Vorschaufenster **unsichtbar**!

1 - On/Off

Über den Optionsschalter On/Off schalten Sie die ausgewählten Leuchten ein und aus.

2 - Color

Mit Hilfe dieser Option bestimmen Sie die Farbe des Lichts. Klicken Sie mit der rechten Maustaste auf die Farbkachel und wählen Sie eine beliebige Farbe.

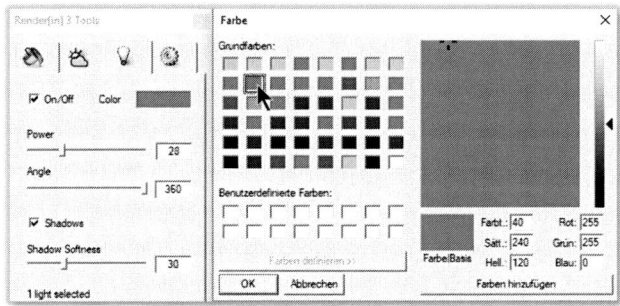

Sie können eine vordefinierte Grundfarbe auswählen, über den Schieberegler die Farbe frei bestimmen oder einen Farbwert in Zahlen eingeben.

Generell haben natürlich hellere Farben eine deutlich höhere Strahlkraft als dunklere Farben.

Haben Sie eine Farbe ausgewählt, bestätigen Sie die Auswahl mit einem Klick auf die OK-Taste.

3 - Power

Ähnlich wie bei einem Dimmer, über den Sie die **Leuchtstärke** Ihrer Zimmerleuchte regulieren, können Sie über den Schieberegler Power die Leuchtstärke der ausgewählten Leuchten frei einstellen. Die Werte reichen von 0 bis 100.

 Tipp:
Wenn Sie in das Power-Feld manuell einen Wert eintragen, können Sie bis zu 200 gehen!

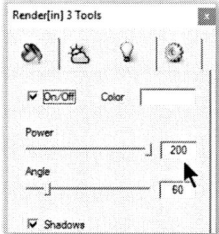

Das Licht ausschalten funktioniert über diesen Weg nicht, dazu müssen Sie den Optionsschalter On/Off wählen (*siehe Punkt vor*).

4 - Angle

Diese Einstellung ist nur aktiv, wenn Sie eine Lichtquelle als **Spotlight** oder **Strahler** einsetzen. Bei einer "normalen" Leuchte ist diese Option deaktiviert. Wie Sie ein Spotlight erstellen, erfahren Sie im Kapitel "Leuchten erstellen".

Über die Werte 0 bis 360 Grad können Sie den **Strahlungswinkel** eines Strahlers einstellen und so genau bestimmen, welche Flächen ausgeleuchtet bzw. welche Objekte beleuchtet werden.

5 - Shadows

Über den Optionsschalter Shadows bestimmen Sie, ob die ausgewählte Leuchte **Schatten** wirft. Schalten Sie den Schattenwurf aus, ist die nachfolgende Funktion (Shaow Softness) deaktiviert.

6 - Shadow Softness

Haben Sie den Optionsschalter Shadows eingeschaltet, dann ist der Schieberegler Shadow Softness aktiviert.

Hiermit steuern Sie die **Schärfe des Schattenumrisses**. Beim Wert 0 ist der Umriss des Schattens scharf. Wenn Sie den Wert erhöhen, nimmt die Schärfe des Schattens langsam immer mehr ab und ist beim Maximalwert von 100 sehr diffus und kaum noch zu sehen.

 Hinweis:

Beachten Sie auch hier noch einmal, dass die Einstellungen für den Schatten nicht global für alle Lichter zu sehen sind. Die Einstellungen beziehen sich immer **nur auf die ausgewählte Leuchte**.

No lights selected / xx lights selected

In Bezug auf den vorherigen Hinweis, haben Sie die Möglichkeit, mit dem Auswahl-Cursor und dem gleichzeitigen Drücken der Umschalttaste mehrere Leuchten gleichzeitig auszuwählen. Die Einstellungen, die Sie dann verändern, beziehen sich auf alle ausgewählten Leuchten. Mit Hilfe dieser Funktion können Sie zum Beispiel mehrere Leuchten gleichzeitig ein- und ausschalten.

Diese Meldung **lights selected** zeigt an, wie viele verschiedene Leuchten ausgewählt sind.

Die Rendering-Werkzeug

Mit Hilfe des Rendering-Werkzeuges definieren Sie alle wichtigen Parameter, die die Größe und die Qualität des fertig gerenderten Bildes bestimmen.

Daher haben diese Optionen nur Auswirkungen auf die finale Ausgabe des Renderings und weitgehend keinen Einfluss auf das Bild im Vorschaufenster!

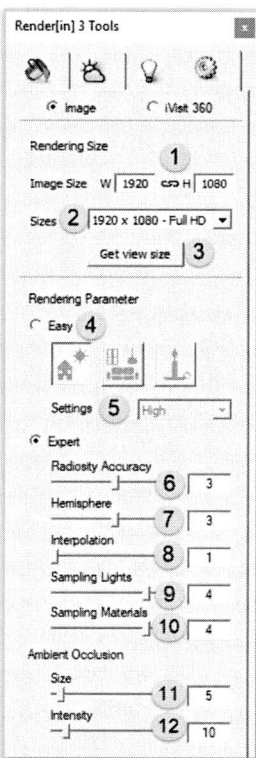

Das Rendering-Werkzeug bietet zwei Options-Paletten:

- **Image**: Einstellungen für das Rendern einzelner Bilder
- **iVisit 360**: Einstellungen für das Erstellen eines iVisit-Rendering

 **Hinweis:**

Wir geben hier einen ersten Überblick über die möglichen Einstellungen. Am Ende des Buches finden Sie im Kapitel **Das finale Rendering** noch ausführliche Beschreibungen und Tipps.

Image

Die nachfolgenden Einstellungen beziehen sich auf die Einstellungen, die Sie vornehmen können, wenn Sie ein **Bild** von Ihrem SketchUp-Modell erstellen bzw. rendern möchten.

Rendering Size

1 - Image Size

Die Image Size bestimmt die **Größe** (Breite x Höhe) des auszugegebenen Bildes **in Pixel**. Das bedeutet, je höher die Auflösung, desto höher ist die Anzahl der berechneten Pixel und damit auch die **Qualität des gerenderten Bildes**.

Die Größe des Bildes können Sie frei eingeben. Wählen Sie dazu im dem Feld **Sizes** die Option **Custom**.

 Hinweis:
Denken Sie daran, je höher die Auflösung, desto mehr Pixel müssen für das Bild berechnet werden, desto länger ist die Dauer der Berechnung des fertigen Bildes!

2 -Sizes

In dem Feld Sizes stehen Ihnen für das schnelle Arbeiten neben der Option Custom drei vordefinierte Größen zur Verfügung:

- 1280 x 720 - HD
- 1920 x 1080 - Full HD
- 3840 x 2160 - 4K

Definieren Sie die Größe nach dem Nutzen, für den Sie das fertige Bild später benötigen. Brauchen Sie das Bild zum Beispiel für eine Präsentation im Internet, dann reicht zum Beispiel eine kleine Auflösung von 300 x 225 px, wenn Sie das Bild in eine Webseite einbauen möchten.

Möchten Sie das Bild in ein Exposé einbinden oder großformatig drucken, dann müssen Sie eine deutlich höhere Auflösung wählen, wie zum Beispiel 1920 x 1080. Damit haben Sie im Ergebnis eine Bildgröße von ca. 51 x 29 cm und eine hohe Bildqualität, so dass Sie auf dieser Basis das Bild auch für andere Anwendungen in der Größe herunter rechnen können.

Möchten Sie zum Beispiel die Proportionen ändern in ein anderes, freies Format, dann klicken Sie das Ketten-Symbol einmal mit der linken Maustaste an. Es wird dann ausgegraut (die Funktion proportional ist deaktiviert).

Jetzt können Sie beide Werte frei ändern und eine neue Proportion festlegen. Klicken Sie anschließend das Ketten-Symbol noch einmal mit der linken Maustaste an und arretieren Sie so wieder die neu gewählten Proportionen.

3 - Get view size

Sie haben das Programm SketchUp immer in einer bestimmten Größe geöffnet, entweder im Vollbildmodus, dann ist es fest im gesamten Bildschirm arretiert, oder im freien Modus. Im freien Modus können Sie das Programmfenster von SketchUp frei auf dem Desktop verschieben und mit dem Anfasser unten rechts am Programmfenster in der Größe variabel anpassen.

Mit dem Schalter *Get view size* übernehmen Sie die eingestellte Größe des Programm-Fensters in die Parameter des *View Size*.

Wenn Sie die Größe des Programmfensters durch einen Klick auf diesen Schalter übernehmen möchten, achten Sie darauf, dass das Ketten-Symbol (Funktion: Seitenverhältnis sperren) aktiviert ist, damit das Seitenverhältnis korrekt übernommen wird.

 Hinweis:
Die Einstellung *Get view size* benötigen Sie, wenn Sie Szenen als gerenderte Bilder ausgeben möchten. Mit dieser Einstellung wird der Bildausschnitt der Szenen genau übernommen!

Rendering Parameters

Über verschiede Parameter bestimmen Sie nach den Größeneinstellungen die Qualität des fertig gerenderten Bildes. Hier können Sie die Einstellungen nach Ihren Vorstellungen frei vornehmen oder einfach aus verschiedenen Grundeinstellungen wählen.

Wenn Sie die den einfachen Weg beschreiten möchten, ohne viel über die Einstellungen nachzudenken, aktivieren Sie die Option **Easy**. Wollen Sie die Qualitäten frei einstellen, aktivieren Sie die Option **Expert**.

4 - Easy

Hier stehen Ihnen über die bebilderten Buttons drei optimierte Voreinstellungen für unterschiedliche Gegebenheiten zur Verfügung:

- Außenbereich
- Innenbereich
- Wenig Licht

Wenn Sie eine dieser Optionen wählen, verändern sich die nachfolgenden Einstellungen für die globale Beleuchtung und das Sampling (siehe auch Punkt 9+10) automatisch. Gleichzeitig passen sich im Vorschaufenster die Einstellungen für ISO (Lichtempfindlichkeit) und Shutter (Verschlusszeit) an.

5 - Settings

Wählen Sie in aus einer der drei Voreinstellungen für das Erstellen des Renderings:

- Speed
- Medium
- High

Die Werte geben einen Hinweis auf die vordefinierte Qualität des gerenderten Bildes. Wählen Sie hier zwischen einem schnell erstellten Rendering in geringer Qualität und einen Rendering mit hoher Qualität, das aber eine längere Berechnungszeit nach sich zieht.

Expert - 6-10

6 - Radiosity Accuracy (Wert von 1 bis 5)

Dies betrifft vor allem indirektes Licht, so dass dieser Wert nicht wichtig ist für Außenansichten. Im Schatten des Innenbereichs hilft der Wert die Details von kleineren Objekten wie Türgriffen klarer darzustellen. Starten Sie mit einem Wert von 1 und erhöhen Sie gegebenenfalls schrittweise. Wenn der Griff unvollständig oder verschlechtert scheint, erhöhen Sie den Wert.

Beim Wert 1 ist die Bildberechnung deutlich schneller. Erhöhen Sie daher den Wert nur, wenn Details nicht ausreichend dargestellt werden.

7 - Hemisphere (Wert von 1 bis 5)

Der Wert steuert das Sampling, um die globale Beleuchtung für den angegebenen Ort optimal abzuschätzen.

8 - Interpolation (Wert von 1 bis 5)

Dies bestimmt die Glättung zwischen zwei Samples und einer Senkrechten; mit einem niedrigen Wert ist das Rendering schneller. Eine erhöhte Glättung reduzierte die Beleuchtung.

9 + 10 - Sampling Lights und Sampling Materials

Die Projektionsfläche auf der Bildebene wird durch ein regelmäßiges Raster abgetastet. Je höher die Dichte der Abtastpunkte pro Flächeneinheit, desto hochaufgelöster wird das Bild.

Mit diesen beiden Werten definieren Sie die Dichte der Abtastung der beleuchteten Flächen und der Materialoberflächen und damit die Qualität der Darstellung.

Sampling Lights (Wert von 1 bis 5)

Dieser Wert beeinflusst die Beleuchtung. Erhöhen Sie den Wert, wenn Sie im Rendering Unregelmäßigkeiten bemerken.

Sampling Materials (Wert von 1 bis 5)

Betroffen ist die diffuse Reflexion von Materialien. Erhöhen Sie den Wert, wenn Sie im Rendering Unregelmäßigkeiten bemerken. Achtung: Je mehr Sie den Wert erhöhen, desto länger dauert die Berechnung.

11 + 12 - Ambient Occlusion

Ambient Occlusion ist einfach eine Simulation des durch verschiedene Objekte verursachten Schattens, der durch das blockiert Umgebungslicht entsteht.

Size (Wert von 1 bis 100)

Dieser Wert definiert die Größe des Schattens, ausgehend vom Beginn der Geometrie, und bringt mehr Tiefe und Relief.

Intensity (Wert von 1 bis 100)

Definiert die Stärke des Schattens.

iVisit 360

Neben einfachen Bildern können Sie mit Render[in] ein s.g. 3D-Panorama ausgeben, bei dem eine Vielzahl von Bildern von Ihrem Modell gerendert werden die anschließend mit einem Zusatztool (iVisit 3D-Builder) zusammengestellt werden.

Im Endergebnis erhalten Sie eine HTML-Datei mit integrierter Flash-Animation, die einen Rundumblick um Ihr Modell ermöglicht. Wie Sie eine solche Animation erstellen können und wo Sie das dazugehörige Tool herunterladen können, beschreiben wir detailliert im Kapitel - Das finale Rendering.

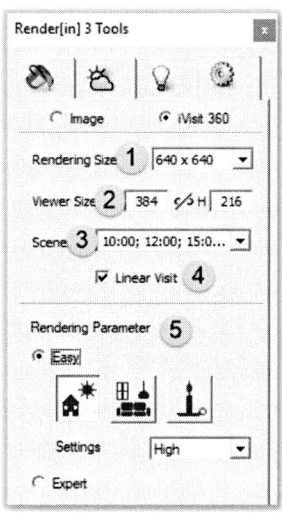

1 - Rendering Size

Das fertige Panorama können Sie sich als sechsseitigen Würfel vorstellen, der aus sechs quadratischen Bildern besteht. Die Größe der Bilder ist nicht frei wählbar, sondern wird über das Drop-Down-Feld ausgewählt.

Sie können zwischen 4 Größen wählen: 640 x 640, 1024 x 1024, 1280 x 1280, 2048 x 2048 (Angabe in Pixel).

Auch hier gilt, je höher der Wert, desto höherwertiger die Animation.

2 - Viewer Size

Um die Panoramen darzustellen, wird ein kostenloser Player, der auf Flash™ Technologie basiert und mit Macintosh, Windows, Linux und Android-Betriebssystemen kompatibel ist. Für iPhone und iPad-Nutzer gibt es eine spezielle Anwendung die es ermöglicht, diese Panoramabilder anzusehen.

Wie groß der Viewer angelegt wird, stellen Sie über diese Option frei ein. Tragen Sie dazu die gewünschten Werte in die Felder für Breite und Höhe ein.

Möchten Sie die Proportionen ändern, klicken Sie das Ketten-Symbol einmal mit der linken Maustaste an. Es wird dann ausgegraut (die Funktion proportional ist deaktiviert).

Jetzt können Sie beide Werte frei ändern und eine neue Proportion festlegen. Klicken Sie anschließend das Ketten-Symbol noch einmal mit der linken Maustaste an und arretieren Sie so wieder die neu gewählten Proportionen.

3 - Scenes

Haben Sie mehrere Szenen von Ihrem Modell angelegt, können Sie an dieser Stelle die Szenen auswählen, die Sie in die Berechnung der Panoramen mit einbeziehen möchten. Markieren Sie die gewünschten Szenen, indem Sie den Haken vor der Szene setzen oder entfernen.

Bei der Erstellung des 3D-Panoramas wird für jede Szene, die Sie ausgewählt haben, für ein eigenes Panorama angelegt.

 **Hinweis:**
Haben Sie in Ihrem Modell keine Szene angelegt, ist diese Option ausgegraut. Sie berechnen das Panorama dann nur für die aktuelle Kameraeinstellung (Current Camera).

4 - Linear Visit

Ist die Option Linear Visit aktiviert, werden die einzelnen Panoramen miteinander verlinkt. Sie können dabei von einem Panorama zum nächsten springen.

Wenn die Option deaktiviert ist, werden die Szenen in einer Galerie unten im Flash-Player als kleine Bilder angezeigt und sind von dort aus anzusteuern.

Einstellungen ab Punkt 5

Alle weiteren Einstellungen entsprechen den zuvor beschriebenen Einstellungen beim Rendern eines Bildes.

 Hinweis:
Wir haben dem Thema Panorama-Rendering am Ende des Buches ein ausführliches Kapitel gewidmet!

Leuchten und Lichtquellen

Leuchten und Lichtquellen

Bei den Render-Werkzeugen haben wir bereits das Licht-Werkzeug beschreiben, mit dem Leuchten gesteuert werden, wobei zum Beispiel Leuchten ein- und ausgeschaltet werden oder die Lichtintensität variiert wird.

In diesem Kapitel beschreiben wir ausführlich, wie Sie eine Leuchte erstellen, diese dann mit einem Leuchtmittel ausstatten und die Lichtwirkung einstellen.

Aufbau einer Leuchten-Komponente

Bevor wir Ihnen das Erstellen einer Leuchte an unterschiedlichen Beispielen erläutern, müssen wir zunächst grundlegend den Aufbau einer Leuchte erklären.

Wenn Sie für Ihr Modell eine Leuchte kreieren möchten, beachten Sie bitte, dass diese Leuchte aus zwei wesentlichen Bausteinen besteht, die Sie unterschiedlich handhaben müssen. Das Prinzip entspricht einer realen Leuchte, so wie sie im Alltag generell verwendet wird.

Eine fertige Leuchten-Komponente besteht aus den Bausteinen:

1. Leuchtkörper
2. Leuchtmittel

Wenn Sie mit Hilfe der Funktionen von Render[in] eine Leuchte definieren, dann soll in der Regel nicht das gesamte Objekt (Komponente) leuchten, sondern nur ein Teil der Leuchte, nämlich das Leuchtmittel.

Um zu definieren, dass eine Komponente (oder Gruppe) eine Leuchte ist, klicken Sie mit dem Auswahlwerkzeug in SketchUp die gewünschte Komponente an und wählen Sie dann in der Menüleiste Render[in] 3 die Funktion **Create Light**.

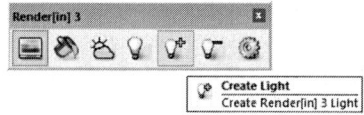

ⓘ Wichtiger Hinweis:

Haben Sie die Komponente als Leuchte definiert, werden Sie feststellen, dass diese Komponente im Vorschaufenster nicht mehr angezeigt wird!

Was bedeutet dies? Kreieren Sie also eine Komponente zum Beispiel in Form einer Stehleuchte und machen diese dann mit Hilfe der zuvor genannten Funktion zu einer Leuchte, dann ist die komplette Komponente im Vorschaufenster und damit auch im Rendering nicht mehr zu sehen.

Daraus resultierend bedeutet dies, dass Sie nicht die gesamte Komponente zu einer Leuchte machen, sondern nur einen Teil der Komponente, nämlich das Leuchtmittel.

Das Leuchtmittel befindet sich immer innerhalb einer Leuchte bzw. Komponente und damit ist es unerheblich, wenn das Leuchtmittel im Rendering nicht mehr zu sehen ist. Was aber zu sehen ist, ist die Leuchtwirkung, die damit verbunden ist, wenn dieser Komponententeil als Leuchte definiert wurde.

Prinzip der Vorgehensweise

Wenn Sie nun also in SketchUp eine Leuchte erstellen wollen, dann erstellen Sie im Grunde zwei Komponenten.

Zunächst erstellen Sie den Leuchtkörper als eigene Komponente. Dann erstellen Sie innerhalb der Komponente eine weitere Komponente (oder Gruppe), zum Beispiel eine Kugel, und definieren diese dann, wie zuvor beschrieben, als Leuchte (Leuchtmittel).

Beim Erstellen des Leuchtkörpers müssen Sie natürlich darauf achten, dass zum Beispiel ein Lampenschirm aus einem durchscheinenden Material besteht. Dies können Sie in SketchUp über den Materialbrowser oder auch über die Materialoptionen, die im Material-Werkzeug von Render[in] zur Verfügung stehen, zuweisen.

Tipp:
Leuchtmittel können Sie generell als Komponenten erstellen, auch wenn die Verwendung von Gruppen möglich ist. Sie haben damit den Vorteil, die Leuchte auch in anderen Modellen einzusetzen.

Im unserem ersten Beispiel für das Erstellen einer Leuchte wird das Grundprinzip noch einmal verdeutlicht!

Für das erste Arbeiten mit Leuchten in SketchUp bieten wir Ihnen eine kleine Sammlung von fertigen Leuchten-Komponenten zum Download unter dem nachfolgenden Link an. Die enthaltenen Komponenten sind für den Einsatz in Render[in] vorbereitet und entsprechen dem oben genannten Prinzip einer Leuchte mit Leuchtmittel.

www.sketch-shop.de/dateien/Renderin_3DLights.zip

Hinweis:
Für die nachfolgenden Beispiele benötigen Sie bereits Vorkenntnisse im Arbeiten mit SketchUp, denn wir beschreiben die Erstellung der einzelnen Komponententeile nicht Schritt für Schritt sondern setzen voraus, dass Sie mit SketchUp bereits so umgehen können, dass Sie die erforderlichen Komponententeile erstellen können.

Zur Erleichterung stellen wir Ihnen die nachfolgend verwendeten Elemente und Komponenten zum Download auf der folgenden Seite zur Verfügung:

www.sketch-shop.de/sketch-buch4.htm

Erstellen einer Leuchte

In unserem ersten, einführenden Beispiel zeigen wir Ihnen eine einfache Glühbirne mit Fassung, wobei die Glühbirne, so wie Sie das aus dem Alltag kennen, das Licht ausstrahlt.

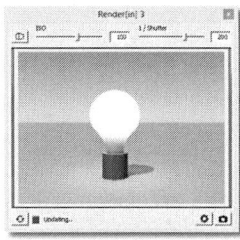

Der **Körper der Leuchte** besteht in diesem Fall aus der **Fassung** und der **gläsernen Birne**. Erstellen Sie zum Beispiel mit Hilfe eines Kreises und dem Drücken-Ziehen-Werkzeug zunächst die Fassung. Zeichnen Sie den Umriss der Glühbirne als Fläche nach und machen Sie dann mit Hilfe eines Kreises und dem Folge-mir-Werkzeug daraus einen dreidimensionalen Körper.

Hinweis:
Die Vorgehensweise, einen solchen Körper zu erstellen, ist auch in unserem Buch "Einfach SketchUp, eine Gebrauchsanweisung" im Kapitel *Änderungswerkzeuge* und im Zusatz-Workshop *Freie Formen erstellen* beschrieben.

Abschließend müssen Sie der Glühbirne noch ein Material zuweisen, das durchsichtig ist.

Erstellen Sie aus den fertigen Elementen eine neue Komponente und speichern Sie diese unter einem geeigneten Namen ab.

Für das noch fehlende **Leuchtmittel** erstellen Sie eine **Kugel** und machen Sie daraus eine Gruppe. Öffnen Sie die vorher erstellte "Birnen-Komponente" mit einem Doppelklick und schieben Sie die Kugel-Gruppe in die Mitte der Glühbirne. Achten Sie darauf, dass die Kugel nicht größer ist als die eigentliche Glühbirne.

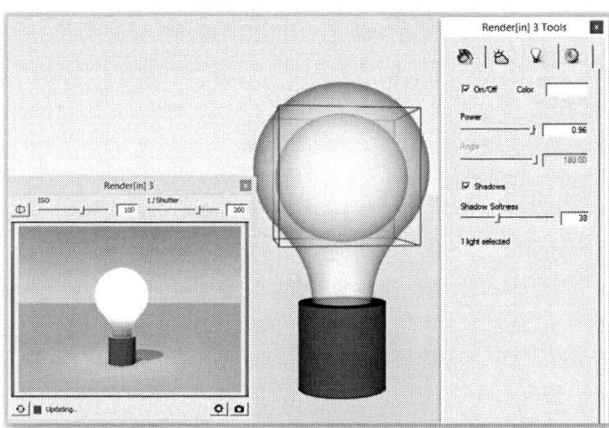

Wählen Sie jetzt die Kugel-Gruppe mit dem Auswahl-Werkzeug aus und klicken Sie dann in der Menüleiste Render[in] 3 auf den Funktionsbutton **Create Light**.

Sie sehen jetzt im Render[in] Vorschaufenster, dass die Glühbirne leuchtet und die Kugel-Gruppe verschwunden ist.

Tipp:
Da die Gruppe mit der Kugel jetzt ein Bestandteil der Komponente ist, reicht es aus, die gesamte Komponente anzuklicken, wenn Sie Einstellungen der Leuchte verändern möchten!

Standardmäßig ist eine Leuchtkraft (Power) von 28 eingestellt. Das ist meist zu wenig. Um die Leuchtkraft zu regulieren, wählen Sie Komponente mit dem Auswahlwerkzeug aus und schieben Sie den Power-Regler zum Dimmen des Lichtes nach rechts oder links.

Wie zuvor schon erwähnt, können Sie manuell in das Power-Feld einen Wert von bis zu 200 eintragen!

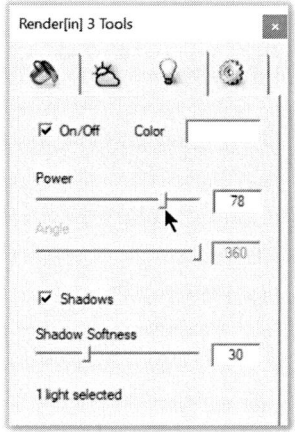

Wenn Sie eine Komponente mit dem Auswahl-Werkzeug markiert haben, können Sie über das Lichtwerkzeug mit Hilfe des **On/Off**-Schalters die Leuchte ein- und ausschalten.

Über die Farbkachel hinter dem Schalter können Sie die Farbe des Lichtes definieren, so dass Sie auf diesem Wege zum Beispiel eine rote Glühbirne erhalten.

Erstellen einer Neonröhre

Dass wir in unserem ersten Beispiel (Glühbirne mit Fassung) als Leuchtmittel eine Kugel gewählt haben, ist der Form der Glühbirne geschuldet. Sie hätten auch einen Kubus als Leuchtmittel wählen können. Denn an dieser Stelle müssen Sie einen Hinweis beachten, der für das Verständnis von Leuchtmitteln wichtig ist:

Wichtiger Hinweis:
Eine als **Leuchte** (Leuchtmittel) definierte Gruppe oder Komponente **wirkt immer wie eine leuchtende Kugel**, egal wie groß das Element ist oder ob es in die Länge gezogen wird, die **Strahlung geht immer von einen Mittelpunkt kreisförmig aus.**

Beachten Sie hierzu die nächste Abbildung:

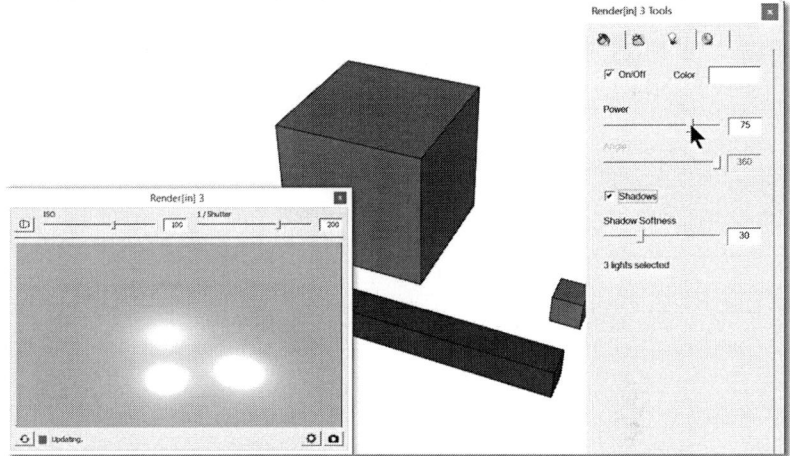

Im Hintergrund sehen Sie drei unterschiedliche, rechteckige Elemente, die als Leuchten definiert sind. Im gleichzeitig eingeblendeten Vorschaufenster sehen Sie, dass das Licht, unabhängig von der Form, immer gleich groß und kreisförmig ist.

In unserem zweiten Beispiel möchten wir nun eine **Neonröhre** erstellen. Wie das Bild oben zeigt, nützt es nichts, wenn Sie das Leuchtmittel einfach in die Länge ziehen.

Tipp:
Um ein **langgestrecktes Licht**, wie eine Neonröhre darzustellen, fügen Sie einfach **mehrere Leuchtmittel hintereinander** ein.

Erstellen Sie einen Kreis, den Sie mit dem Drücken/Ziehen-Werkzeug zu einem Volumen formen, so dass ein kleines, röhrenförmiges Element entsteht. Markieren Sie die Kanten des kleinen Zylinders und verbergen Sie mit *Ausblenden* die abschließenden Kanten, damit auch in SketchUp keine Ränder sichtbar sind.

Markieren Sie den Zylinder mit einem Dreifachklick des Auswahl-Werkzeuges und erstellen Sie daraus eine Komponente. Klicken Sie diese Komponente an und definieren Sie sie mit **Create Light** als Leuchtmittel. Dann kopieren Sie die kleine Röhren-Komponente mehrfach hintereinander, so dass Sie zum Beispiel 12 einzelne, in Reihe stehende, schmale Zylinder erhalten, die in der Summe eine lange Röhre ergeben. Achten Sie darauf, dass kein oder nur ein ganz geringer Abstand zwischen den einzelnen Elementen besteht.

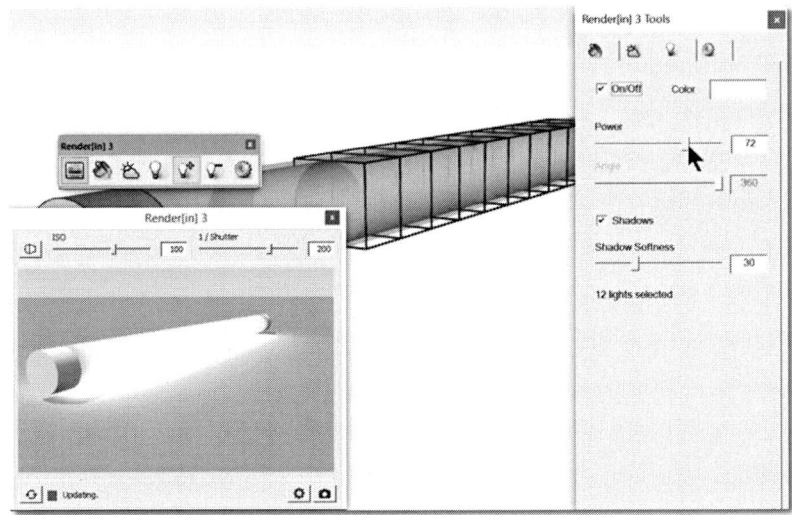

Im Moment ist im Render[in] jedes Leuchtelement für sich eine eigene Leuchte. Wenn Sie zum Beispiel die Leuchtkraft oder die Lichtfarbe verändern möchten, müssten Sie zunächst alle Leuchtelemente auswählen.

Um dies zu vereinfachen und damit das Ganze auch in SketchUp wie eine Neonröhre aussieht, umschließen Sie die Leuchten noch mit einem transparenten Zylinder mit zwei undurchsichtigen Endstücken. Machen Sie aus dem Zylinder und den Endstücken eine neue Komponente, der Sie zum Beispiel den Namen Neonröhre geben.

Öffnen Sie die neue Komponente Neonröhre mit einem Doppelklick und schieben Sie die 12 Röhrenelemente in die Komponente hinein. Da diese 12 Leucht-Elemente jetzt wieder Bestandteil der Komponente sind, reicht es aus, wenn Sie die gesamte Komponente anklicken, um die Eigenschaften der Lichter zu ändern oder ein- und auszuschalten.

Erstellen eines Spotlights / Strahlers

Neben einem Licht, das in alle Richtungen strahlt (360°), wie in den beiden ersten Beispielen, ist es in Render[in] möglich, auch ein Punktlicht zu erzeugen, das das Licht konzentriert nur in eine Richtung ausstrahlt.

Vielleicht ist Ihnen aufgefallen, dass beim Erstellen der Glühbirne und der Neonröhre im Licht-Werkzeug eine Option immer deaktiviert geblieben ist: **Angle**

Mit dieser Option ist es möglich, das Licht so einzustellen, dass es in einem bestimmten Winkel, also ganz gezielt in einem bestimmten Bereich in eine bestimmte Richtung strahlt.

Da Sie in den beiden bisherigen Beispielen immer einen Volumenkörper als Leuchtmittel eingesetzt haben, bleibt diese Option deaktiviert. Sie wird erst dann aktiviert, wenn Sie eine Fläche, zum Beispiel ein Rechteck oder einen Kreis als Leuchte definieren.

Im nachfolgenden Bild sehen Sie eine kleine Tischleuchte, die einen Spot auf die Fläche strahlt, auf der sie steht.

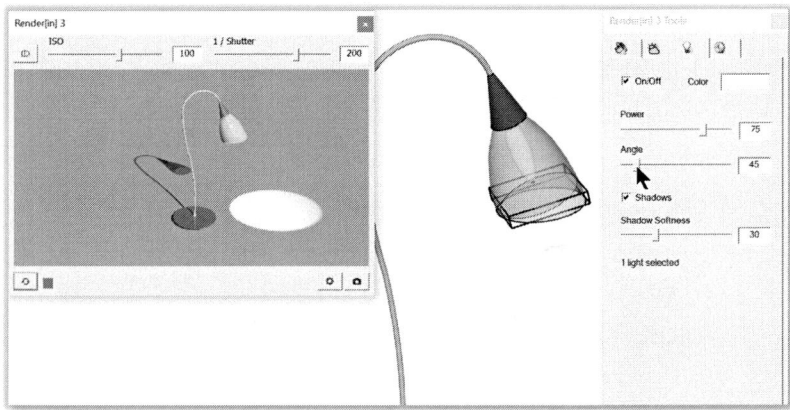

Um diesen Leuchten-Effekt zu erzielen, wurde am Ende des Lampenschirms eine **Kreis-Gruppe** (markiertes Element im Bild vor) platziert und mit der Funktion **Create Light** als Leuchtmittel definiert.

Hinweis:
Ein Punktstrahler oder Spot ist eine einfache **Fläche**, die **nicht** mit dem **Drücken/Ziehen**-Werkzeug bearbeite wurde. Es ist wichtig, dass Sie aus der Fläche **keinen Volumenkörper** machen!

Da es sich also nicht um einen Volumenkörper handelt ist nun die Funktion **Angel** aktiv. Schieben Sie den Regler nach links, wird der Strahlungswinkel kleiner und das Licht fällt kreisförmig auf den Untergrund. Den Strahlungswinkel können Sie frei bestimmen.

Tipp:
Mit Hilfe dieser Funktion können Sie auch **Strahler** erstellen, die in einem Raum **gezielt Objekte beleuchten**, wie Bilder an der Wand, und diese damit in Szene setzen.

Erstellen einer leuchtenden Farbfläche

Im Kapitel 3 wurde bei der Beschreibung des Material-Werkzeuges bereits die Option **Light Emitter** beschrieben.

Über den **Light Emitter** können Sie einem Material eine Art **Neon-Effekt** hinzufügen. Dieser Effekt hat jedoch nichts mit einer Neonleuchte zu tun, denn wenn Sie einem Material über Light Emitter einen Wert zuweisen, dann **leuchtet** das **Material**.

Hinweis:
Grundsätzlich hat diese Option nichts mit den Leuchten zu tun, die über das Licht-Werkzeug eingestellt und verwaltet werden!

Im folgenden Beispiel wurden drei Zylinder erstellt und mit unterschiedlichen Materialien belegt. Die Farben sind Schwefelgelb, Signalrot und Himmelblau. Über das Material-Werkzeug wurde diesen Materialien jeweils der *Light Emitter*-Wert 100 zugewiesen.

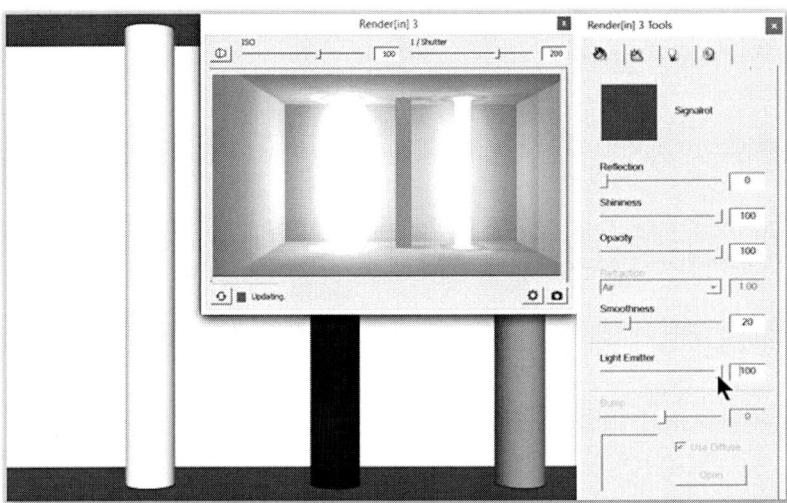

Je nach Farbe wirkt die Strahlung unterschiedlich. Probieren Sie einfach unterschiedliche Farben aus, nur so bekommen Sie einen guten Eindruck, wie unterschiedlich die Flächen leuchten und wo Sie diesen Effekt bei Ihren Planungen einsetzen können.

Wenn Sie die Strahlkraft über den Schieberegler von 0 bis 100 bestimmen, strahlt das Licht nicht weit in den Raum hinein und wirft auch kaum Schatten.

Tipp:
Sie können auch einen freien Wert (bis 500) in das Werte-Feld eintragen, dann erhöht sich die Strahlkraft in der Weise, dass Sie auf diesem Wege auch eine Art **Neonröhre** erstellen können. Dies kann eine interessante und einfache Alternative zu der Neonröhre sein, die wir im anderen Beispiel aus mehreren Einzelleuchten zusammengesetzt haben.

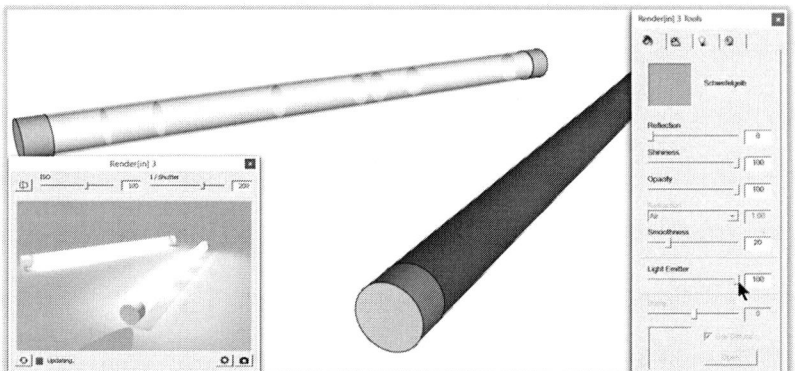

Oben im Bild sehen Sie links die Neonröhre, die aus Einzelleuchten gebaut wurde, rechts davon ist eine Röhre, deren Oberfläche mit einer Farbe als Material belegt wurde.

Diesem Material (in unserem Beispiel Schwefelgelb) wurde bei Option Light Emitter der Wert 100 zugewiesen. Im Vorschaufenster sehen Sie die Wirkungsweise dieser beiden Komponenten im Rendering.

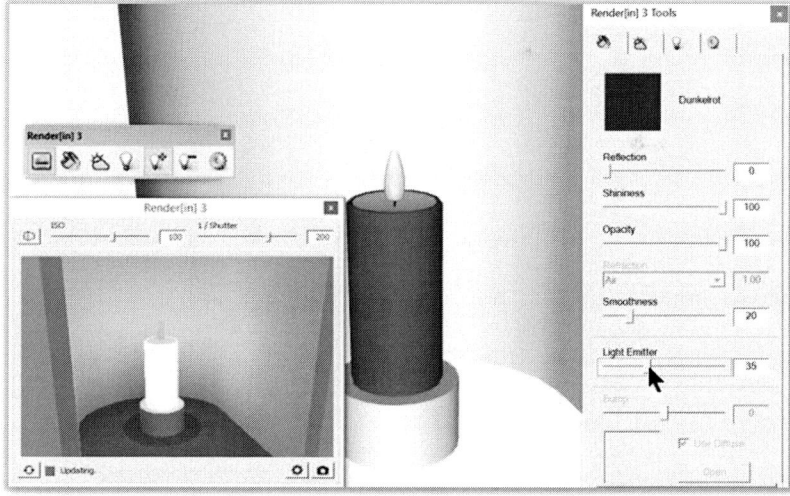

Bei einer **Kerze** kann man diese Funktion/Effekt auch sehr gut einsetzen. Die Flamme der Kerze können Sie als Leuchtmittel definieren, damit die Kerze Licht in den Raum strahlt. Da der Wachskörper einer Kerze von der Flamme in der Realität auch mehr oder weniger stark durchleuchtet wird, kann man diesen Effekt simulieren, indem Sie das Material, das Sie dem Kerzenkörper zugewiesen haben, über den **Light Emitter**-Wert zum Leuchten bringen.

Eine weitere Einsatzmöglichkeit ist zum Beispiel das simulieren eines **Kaminfeuers**. In unserem Beispiel werden die Flammen durch selbst gezeichnete, gezackte Flächen dargestellt. Weisen Sie den Flächen eine geeignete Farbe zu und weisen Sie dem verwendeten Material eine Light Emitter-Wert zu. In unserem Beispiel haben wie einfach den Schiebe-Regler ganz nach rechts geschoben und damit den Wert 100 festgelegt. Dadurch bekommt das Kaminfeuer einen sehr realistischen Leuchteffekt.

Materialien und Innenräume

Render[in] Materialien

Tipp: eigene Render[in] Material Sammlung

Legen Sie immer ein neues Material an, wenn Sie in Ihrem Modell unterschiedliche Untergründe verwenden, auch wenn der gleiche Farbton verwendet wird: Denn ein weißer Stoff hat eine andere Wirkung wie eine weiß lackierte Oberfläche!

Wenn, wie in diesem Beispiel, die Vitrine glänzend lichtgrau lackiert ist und die Figur (Lisanne aus der SketchUp 2016er Vorlage) einen lichtgrauen Overall besitzt, können diese beiden Flächen trotz der gleichen Farbgebung nicht mit dem gleichen Material eingefärbt werden!

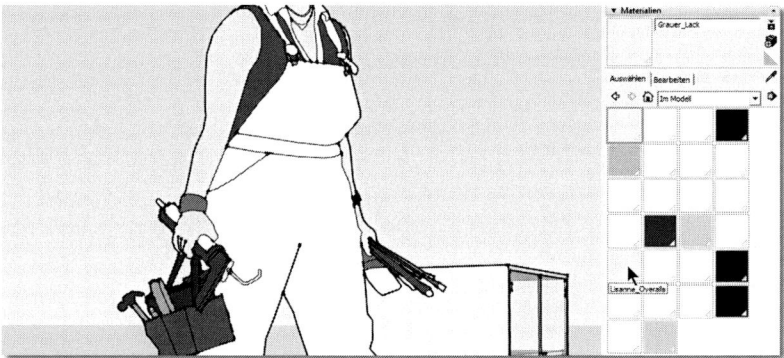

Sie können zwar die gleichen Farbwerte verwenden, erstellen Sie aber ein **neues Material** und geben Sie ihm z.B. den Namen "lichtgrauer_Lack". Der hellgraue Farbton von Lisannes Overall hat ohnehin eine eigene Bezeichnung: "Lisanne_Overalls". Nun können Sie zu dem Stoff in SketchUp z.Bsp. eine Textur hinzufügen und dem Lack im Render[in] eine Reflektion zuweisen.

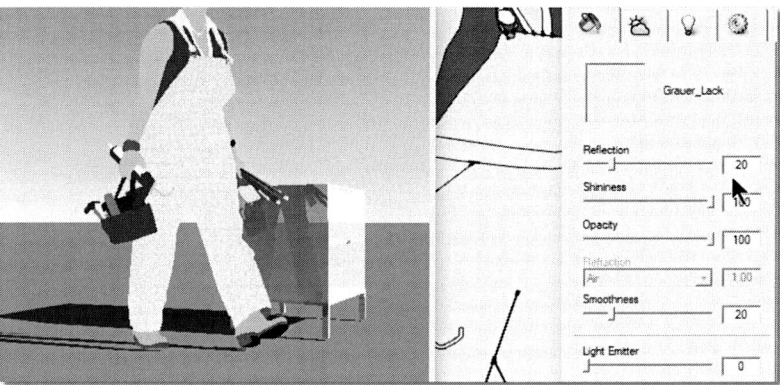

Auch wenn Materialien scheinbar die gleiche Struktur haben, wie ein gewebter Stoff und eine Textiltapete, erstellen Sie auch hier immer ein **neues Material**! Im Beispiel unten sehen Sie eine Wand mit roter Textiltapete. Dieser Rotton soll sich auch im Vorhang wiederfinden. Erstellen Sie dazu ein **neues Material**, auch wenn es die gleiche Farbe ist! Denn die Wandfläche bekommt beim Rendern andere Werte zugewiesen als die Stoffbahn! Es ist zudem sinnvoll den Materialien nicht einfach den Namen Rot zu geben, sondern z.B. Rote-Textiltapete bzw. Rotes-Webmaterial.

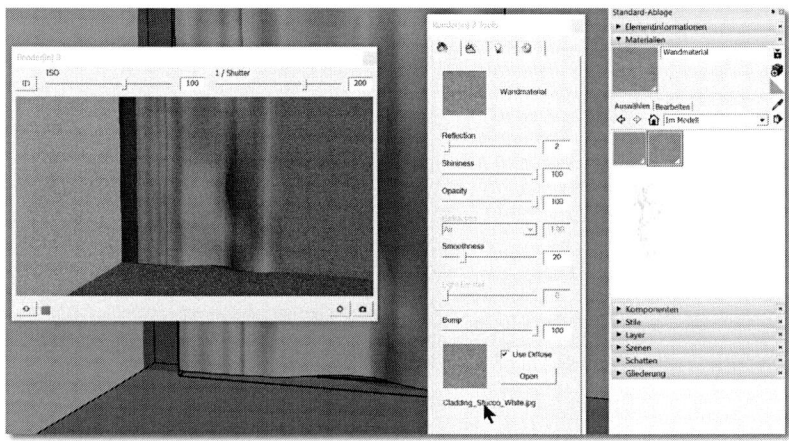

Haben Sie ein Material verändert und alle erforderlichen Einstellungen in Render[in] vorgenommen, dann sollten Sie das neue **Render[in]-Material** in SketchUp in einer **eigenen Material-Sammlung** ablegen, dann steht es Ihnen beim nächsten Projekt wieder zur Verfügung. Die vorgenommenen Einstellungen werden von Render[in] automatisch berücksichtigt!

Materialien verändern mit Reflection und Shininess

Sie können den meisten Materialien einen leichten **Glanz** zuweisen. Mit den beiden Reglern im Materialwerkzeug **Reflection** und **Shininess** bestimmen Sie ob ein Material **spiegelnden** oder **matten Glanz** bekommt.

In unserem Beispiel sehen Sie ein kleines Badezimmer in dem es einen Spiegel, einen verchromte Wasserhahn und seidenglänzende Keramik gibt. Diese Materialeigenschaften können Sie mit SketchUp nicht wirklich darstellen!

Material in SketchUp   *Materialwirkung in Render[in]*

Sie können zwar für Chrom und den Spiegel eine Textur aus den Standard-Materialien von SketchUp verwenden, aber wenn Sie das Material mit Render[in] optimieren, sehen Sie den Unterschied sofort: Chrom glänzt und der Spiegel spiegelt wirklich die Umgebung!

Das Material Chrom wurde, im Bild oben rechts, als einfache Farbe gewählt, im Render[in] wurde dem Material hat eine Reflection mit dem Wert 60 zugewiesen. Für den Spiegel wurde der Regler für Reflection bis 100 hoch geschoben. Die Keramik des Waschbeckens soll matt glänzen, dafür wählten wir für Reflection den Wert 20 und für Shininess den Wert 10.

Tipp:
Haben Sie in einem Innenraum viel Reflektion und Glanz verwendet, kann es passieren, dass Ihr Render Ergebnis **"wolkig"** wird. Verwenden Sie in dem Fall statt der **Easy Rendering Parameter** "Innenbereich", den Parameter "Wenig Licht"!

Neues Material mit Bump und Use diffuse

Grundsätzlich ist zu beachten, dass jede Fläche nicht nur eine Färbung hat, sondern auch eine Struktur. Auch bei einer glatt polierten Wandfläche sollte ein Texturbild verwendet werden, damit Sie im Render[in] mehr Möglichkeiten der Einstellung haben. Allen Strukturen sollte dabei ein kleiner Bump Wert zugewiesen werden.

Im Nachfolgenden wollen wir nochmals auf die Material Einstellungen **Bump** und **Use diffuse** eingehen. Wir zeigen wir Ihnen anhand von einigen Beispielen und Bildern den Effekt, den Sie mit diesem Parameter erzielen können.

 Hinweis:

Wie zuvor schon erwähnt, können Sie diese Funktion nur einsetzen, wenn Sie ein Bild als Material verwendet haben oder aus dem Material-Browser von SketchUp ein Material mit Texturbild ausgewählt haben. Haben Sie eine Fläche nur mit einer **Farbe** belegt, dann steht Ihnen diese Funktion in Render[in] nicht zur Verfügung, die Option Bump ist dann **deaktiviert**.

Um mit diesen beiden Funktionen gute Ergebnisse zu erzielen, benötigen Sie **strukturiertes Material**! In der Regel macht sich dieser Effekt nur bei Materialien bemerkbar, die einen hohen Kontrast aufweisen, also zum Beispiel dunkle Flächen auf hellem Hintergrund, oder marmoriert wirken.

Hier zwei Beispiele, die wir als Material verwendet haben und an deren Beispiel wir Ihnen den Effekt erläutern möchten:

Bilddatei Baum   *Material: Bauholz mit Stoßverbindung*

Im ersten Beispiel verwenden wir ein eigenes Bild, das wir als Textur in einem Modell eingesetzt haben. Oben sehen Sie das Originalbild, bei den nächsten beiden Bildern wurde der Bump-Effekt eingesetzt.

Bump-Wert: -100   *Bump-Wert: 100*

Bei einem Wert von -100 werden die dunklen Flächen nach innen gedrückt, ähnlich einer Gravur, wohingegen bei einem Bump-Wert von 100 die dunklen Flächen nach außen gedrückt werden. Je nachdem, wie ausgeprägt die Grundstruktur bzw. Marmorierung ist, desto deutlicher tritt der Effekt hervor.

Insgesamt erhalten texturierte Materialien durch diese Funktion eine realistischere Darstellung, so dass Sie bei Verwendung dieser Einstellung eine deutlich bessere, fotorealistische Darstellung erzielen.

Dieser Effekt wird noch deutlicher bei dem nächsten Beispiel, bei dem wir ein Material aus der Materialbibliothek von SketchUp verwendet haben:

Bibliothek *Holz: Bauholz mit Stoßverbindung*

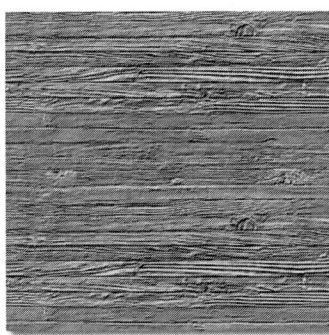 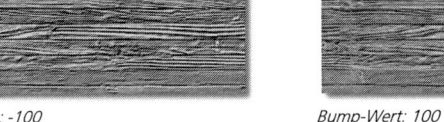

Bump-Wert: -100   *Bump-Wert: 100*

Beim ursprünglichen Bild sind die Strukturen flach wie bei einem Foto. Durch den maximalen Wert 100 bzw. -100 werden die dunklen bzw. die hellen Flächen ausgeprägt, so dass das Material eine sichtbare Struktur erhält, die sehr real wirkt.

Haben Sie ein Material oder Texturbild ausgewählt, dann ist zunächst die Option **Use diffuse** über die kleine Checkbox aktiviert. Das heißt, dass nur das verwendete Bild für den Bump-Effekt angewendet wird.

Über das Ausschalten von Use Diffuse, bzw. das anklicken des Buttons Open, ist es möglich, ein zweites Bild sozusagen unter die Textur zu legen. Wenn dann die Bump-Einstellungen geändert werden, wird sozusagen das darunter liegende Bild durch das darüber liegende Bild durchgedrückt.

Als Beispiel verwenden wir wieder eine Textur aus SketchUp, Bibliothek *Metall: Eloxiertes Aluminiummetall* und eine eigenes Bild, das einen *roten Klecks* zeigt.

 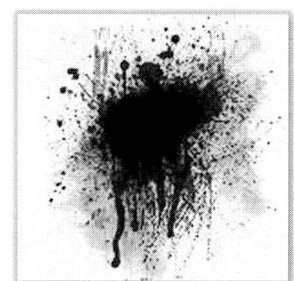

Über den Materialbrowser haben wir eine Fläche mit dem Aluminiummetall texturiert, so dass das Material nun auch im Render[in] Material-Werkzeug angezeigt wird.

Jetzt wählen wir unter Use diffuse mit Klick auf den Button *Open* ein weiteres Bild aus. In unserem Beispiel das Bild mit dem Klecks.

Im Render[in] Material-Werkzeug sehen Sie nun oben das gewählte Material und unten im Bereich Use diffuse das ausgewählte Bild mit dem Klecks. Die Checkbox bei der Option *Use Diffuse* ist nun deaktiviert.

Unter den Materialien von SketchUp sehen Sie nun auch beide Texturen, wobei der Klecks als nicht genutzt gekennzeichnet ist und einen anderen Namen bekommen hat *Render[in] Bump Eloxiertes Aluminiummetall*.

Tipp:
Da das *Render[in] Bump Material* als nicht genutzt gekennzeichnet wird, ist es sinnvoll dieses Material irgendwo auf einer nicht sichtbaren Fläche zu verwenden, damit es beim Bereinigen der Datei mit *"Nicht verwendete Löschen"* nicht verloren geht!!!

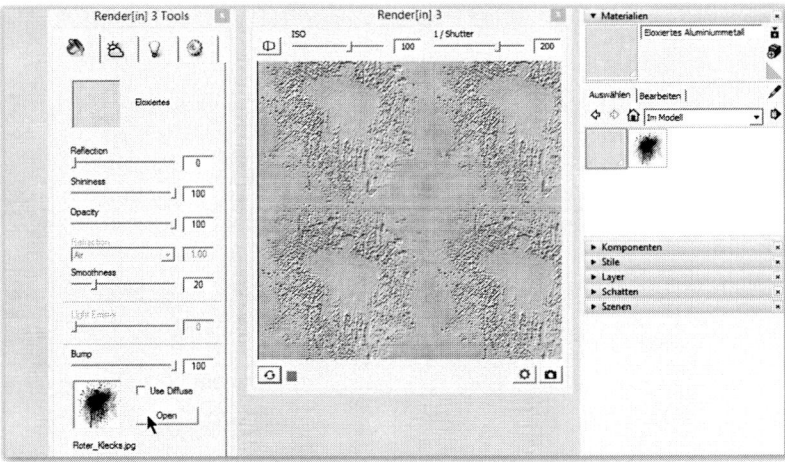

Wenn Sie jetzt den Wert für Bump verändern, dann drückt sich die Struktur der Kleckse durch die Textur hindurch, so dass eine Prägung entsteht. Wie stark die Ausprägung ist, bestimmen Sie durch den Bump-Wert. Bewegen Sie auch einmal frei den Schieberegler, dann sehen Sie gut die Veränderung direkt in der Vorschau.

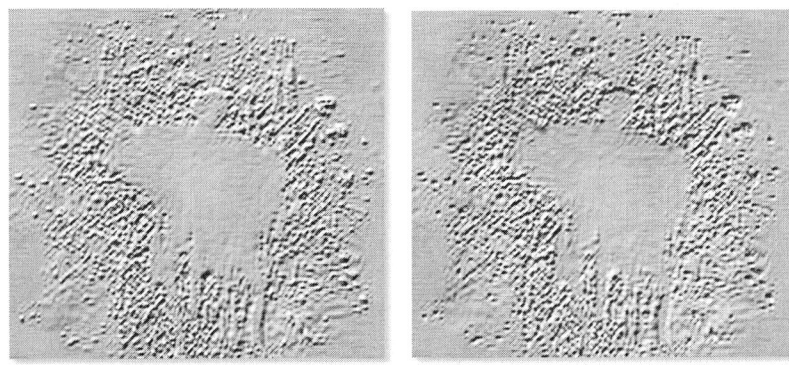

Bump-Wert: -100   *Bump-Wert: 100*

Wenn Sie das zweite Bild wieder entfernen möchten, dann aktivieren Sie die Checkbox bei der Option *Use Diffuse* einfach wieder und es wird wieder nur das Material verwendet.

Haben Sie eine Textur, die zu "flach" erscheint, also nicht so strukturiert ist, oder wenn eine Struktur besonders stark hervorgehoben werden soll, kann ein **Use diffuse Bild** der gleichen Struktur in **schwarz/weiß** hinterlegt werden.

Färben Sie eine Fläche mit dem SketchUp Material Stuckfassade weiß aus der Bibliothek Bachstein, Fassade und Schalung. In der Render[in] Vorschau wirkt die Textur auch mit Bump Wert ziemlich flach.

Nun soll diese Textur zu einem Kontrastbild gemacht werden. Öffnen Sie in SketchUp die Materialien im Modell, klicken Sie auf das Material und wählen Texturbild bearbeiten.

Es öffnet sich Ihr Standard Bildbearbeitungsprogramm. Dort können Sie die Farbtiefe auf 2 Farben reduzieren um ein schwarz/weiß Bild zu erhalten.

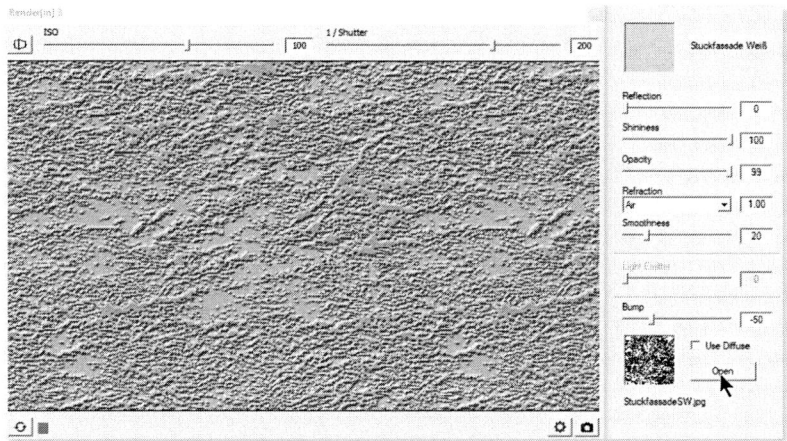

Wenn Sie dieses Bild nun unter einem anderen Namen abspeichern, können Sie es als Kontrastbild zur verwendeten Textur nehmen. Das Render Ergebnis wird in jedem Fall deutlich strukturierter ausfallen.

Einstellungen für Innenräume

Rendering Parameters Ambient Occlusion

In einem Raum ist eine **Innenkante** nie so ausgeleuchtet wie die restliche Wand. Ebenso gibt es an den Kanten, wo Möbel auf dem Boden stehen, immer einen kleinen Schattenbereich.

Um dies darzustellen, nutzen Sie die Funktion **Ambient Occlusion** in den Rendering Parametern. **Size** und **Intensity** sollten dabei größer 0 sein, damit ein kleiner Schattenrand zwischen Boden und Wand oder Boden und Möbel entsteht. Im folgenden Beispiel haben wir die Größe des Schattenrandes auf 5 und die Intensität auf 25 eingestellt.

Stellen Sie diesen Wert nicht zu hoch, für den kleinen Raum in unserem Beispiel ist das eigentlich viel zu hoch. Die Kanten des Raumes sehen irgendwie schmutzig aus.

Tipp:
Wenn diese Einstellung für einen Raum nicht geeignet ist, da dies zu einer zu starken Betonung der Raumkanten führt, kann man die Möbel auch einfach etwas vom Boden abheben!

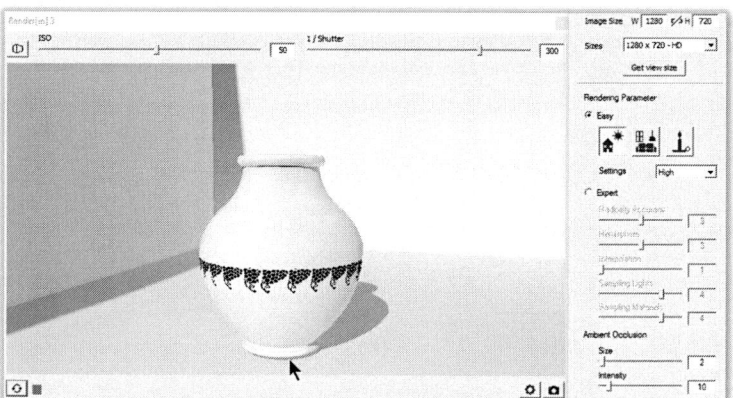

Innenraumperspektive bei kleinen Räumen

Sie haben sicher schon festgestellt, dass es bei kleinen Räumen in SketchUp oft Probleme mit der Perspektive gibt. Sie finden nicht den richtigen Standpunkt, der Raum ist zu klein und müsste mit einem Weitwinkelobjektiv angesehen werden.

Sie können in SketchUp unter Kamera das Blickfeld vergrößern, aber nicht über 60°, sonst wirkt das Bild verzerrt. Wenn das nicht den gewünschten Überblick bringt, können Sie einfach die Wand, die den Einblick verhindert, ausblenden. Jedoch ist damit verbunden, dass Sie, wie unten im Bild, auch den Außenbereich und die aufgeschnittene Wand sehen. Diese Lösung kann man zum Einrichten des Raumes nutzen, aber nicht, um ein gerendertes Bild zu erstellen!

Wir arbeiten in solch einem Fall fürs Rendern mit ein paar Tricks. Blenden Sie die störende Wand aus und setzen Sie an den kleinen Raum einen "Bewegungsraum" an, damit Sie eine geeignete Perspektive finden können. Legen Sie diesen Raum in einen eigenen Layer an, damit Sie ihn in SketchUp bei Bedarf ein/ausblenden können.

Die Rückwand dieses Raumes könnte eine Leuchtfarbe (Light Emitter) haben um Streulicht zu bekommen und/oder Sie bauen dort ganz gezielt Strahler auf, um bestimmte Objekte anzuleuchten.

Der Spiegel, wie in unserem Beispiel, sollte in diesem Fall dann natürlich nicht spiegeln, da sonst die Raumvergrößerung auffallen würde. Hier können Sie eine Bildtextur von der Wand gegenüber einsetzen!

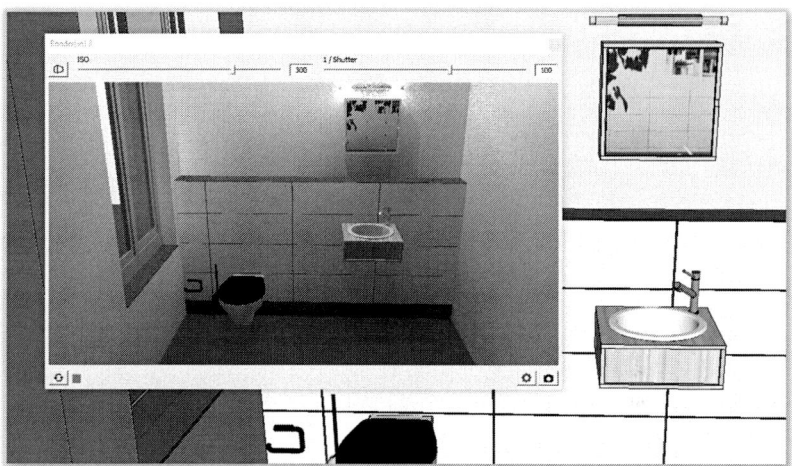

Reicht die Ausleuchtung eines Innenraumes alleine durch die Sonneneinstrahlung durch die Fenster nicht aus, kann man auch vor die Fenster eine Leuchtfläche (Light Emitter) setzen, um die Sonneneinstrahlung zu unterstützen.

Rendering

Das finale Rendering

Nachdem Sie alle gewünschten Einstellungen vorgenommen haben (Eigenschaften von Materialien, Lichtquellen, Umgebung etc.) können Sie das Rendern anstoßen und ein Bild von Ihrem Modell berechnen lassen.

Denken Sie daran, dass entsprechend der getroffenen Einstellungen die Dauer der Berechnung relativ lang sein kann. Dies betrifft in erster Linie die eingestellte Bildgröße und die Einstellungen bei den Rendering-Parametern.

Beachten Sie dazu unsere Beschreibungen und Einstellungsmöglichkeiten mit den Rendering-Werkzeugen im vorherigen Kapitel.

Render-Bild berechnen

Das eigentliche Rendering Ihres Modells wird über das Vorschaufenster ausgelöst, indem Sie auf den Button *Render* klicken.

Das fertige Rendering entspricht dem Blick auf oder in Ihr Modell, der im Vorschaufenster angezeigt wird. Richten Sie also die Sicht auf Ihr Modell mit Hilfe der Kamera-Werkzeuge so aus, wie es im fertigen Rendering abgebildet sein soll.

Tipp:
Haben Sie viel mit den Einstellungen von Render[in] gearbeitet, dann kann es sein, dass sich manchmal das Vorschaufenster nicht mehr richtig regeneriert, so dass Sie eine fehlerhafte, lückenhafte oder nicht mehr richtig ausgeleuchtete Darstellung Ihres Modells haben.

Bevor Sie nach allen Einstellungen das fertige Rendering anstoßen, schließen Sie zur Sicherheit Ihre Modelldatei (vorher natürlich sichern), öffnen Sie eine neue, leere(!) Datei und öffnen Sie das Vorschaufenster von Render[in]. Öffnen Sie dann wieder Ihre eigentliche Modelldatei und starten Sie das Rendering.

Vorausgesetzt alle anderen Einstellungen (Belichtung, Bildgröße etc.) sind, wie von Ihnen wie gewünscht, korrekt eingestellt, klicken Sie auf den Button *Render*.

Es öffnet sich ein Dialogfenster, in dem Sie abschließend noch zwei Einstellungen vornehmen müssen:

- Wählen des **Speicherortes** für das fertige Rendering-Bild
- und das **Bildformat**

Für die Bilddatei stehen Ihnen die folgenden **Dateiformate** zur Verfügung: JEPG, BMP, PNG, TGA, PSD und PANORAMA (html).

Während die ersten vier genannten Formate reine Bildformate sind, sind das PSD- und das PANORAMA-Format besondere Formate.

Speichern Sie das Rendering als PSD-Datei ab, so können Sie es anschießend in Photoshop noch weiter bearbeiten, mit besonderen Effekten versehen und dann abschließend als Bildda-tei in einem Format Ihrer Wahl speichern. In der PSD-Datei sind die Inhalte des Renderings auf einzelne Ebenen abgelegt und können getrennt bearbeitet werden.

Auf Basis des PANORAMA-Formates können Sie ein 3D-Panorama von Ihrem Modell erstel-len. Die genaue Vorgehensweise und die damit verbundenen Besonderheiten beschreiben wir im nächsten Abschnitt.

Wählen Sie das für Ihre Belange passende Dateiformat für eine **Bilddatei** aus. Wählen Sie den **Ablageort** auf Ihrem Computer, vergeben einen **Dateinamen** und starten Sie das Rendering durch einen Klick auf den Button *Render.*

Im Vorschaufenster sehen Sie, wie das Bild aufgebaut und berechnet wird. Während der **Be-rechnung** sind in der unteren Zeile des Vorschaufensters die Buttons *Regenerate* und *Tools* ausgegraut (deaktiviert) und der Render Startbutton wird automatisch zum Stoppbutton. Daneben sehen Sie den Fortschritt der Berechnung, der in Form einer Prozentzahl des fertig-gestellten Renderings und abgelaufenen Zeit dargestellt wird.

Über den Stoppbutton können Sie die laufende Berechnung abbrechen.

Zum Ende des Rendering-Vorgangs finden Sie in dem von Ihnen gewählten Ordner eine Bild-datei in dem vorher definierten Format und mit den gewünschten Parametern. Dieses Bild steht Ihnen nun für die weitere Verwendung zur Verfügung.

Panorama mit iVisit 3D

Render[in] ab der Version 2 unterstützt iVisit 3D, das speziell für Architekten und Designer entwickelt wurde und die Erstellung eines 3D-Panoramas ermöglicht, mit dem entweder ein einfacher Rundumblick oder ein virtueller Rundgang durch ein Projekt möglich ist.

Alles was Sie für die Anzeige der Panoramen benötigen wird automatisch von Render[in] erstellt. Der eingebettete, kostenlose Player basiert auf der Flash™-Technologie und ist kompatibel mit Macintosh, Windows, Linux und Android, also universell einsetzbar.

Nach der Berechnung des Panoramas erhalten Sie einen Dateiordner (Name legen Sie im Dialogfenster beim Starten des Rederings fest), in dem das Panorama, das aus einer Vielzahl einzelner Bilder besteht, abgelegt und **über einen HTML-Seite aufgerufen** werden kann. In die HTML-Seite ist ein Flash-Objekt integriert, über das der Zugriff auf das Panorama möglich ist. Diese HTML-Seite oder auch das Flash-Objekt können Sie z.Bsp. in Ihre eigene Webseite integrieren.

Das Erstellen des Panoramas ist denkbar einfach. Wählen Sie einen **Blick auf das Modell**.

Damit legen Sie Ihren Standort fest, um den herum Sie sich drehen und von dem aus Sie das Modell betrachten. Das Panorama ermöglicht einen Rundum-Blick, d.h. Sie können sich um Ihren Standort um 360 Grad drehen.

Es werden also auch die Elemente gerendert, die im Vorschaufenster nicht zu sehen waren, so dass Sie sich nicht nur um 360 Grad drehen können, sondern den Blick auch nach oben und unten wandern lassen können.

Neben dem Blick auf das Modell spielen auch **Szenen** eine wichtige Rolle, die Sie in Ihrem Modell abgespeichert haben, denn zu jeder Szene, die Sie in Ihrem Modell angelegt haben, generiert Render[in] ein eigenes Panorama.

ⓘ**Hinweis:**
Bevor Sie das Panorama Rendering starten, wählen Sie aus den Szenen im Modell nur diejenigen, die Sie im Panorama auch benötigen. Pro Raum genügt meist eine Szene.

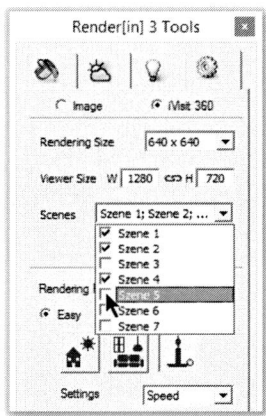

ℹ️ **Hinweis:**

Denken Sie daran in jeder Szene alle Layer und sonstige Element einzublenden, die Sie im Panorama sehen möchten. Während des Renderprozesses werden keine Layer eingeschaltet und Ausgeblendetes bleibt ausgeblendet.

Da Sie in jeder **Szene** einen anderen Blick auf das Modell abgespeichert haben, können Sie so das Modell aus den unterschiedlichsten Blickwinkeln betrachten oder zeigen, wie zum Beispiel der Blick auf die Terrasse oder in den Himmel hinaus wirkt.

 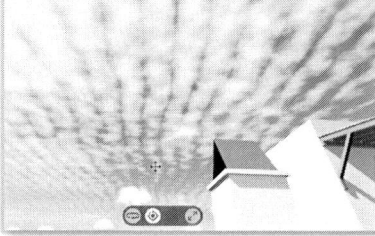

Panorama Szene 10 - Blick zum Boden   *und in den Himmel*

Die erstellten Panoramen sind als kleine **Vorschaubilder** im unteren Bereich des Players in einer Galerie dargestellt und von dort aus aufrufbar.

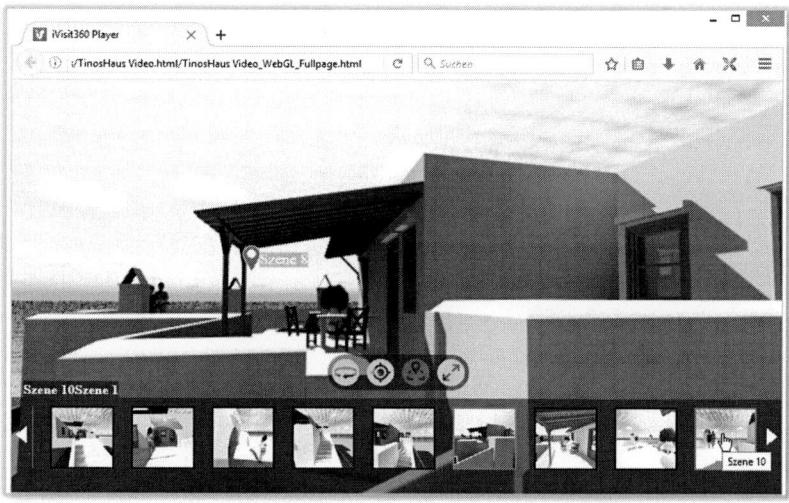

Agieren mit dem iVisit 3D Panorama

Haben Sie das Panorama über Ihren Internetbrowser gestartet, dann können Sie sich in dem Player, ähnlich wie Sie das in 3D-Spielen tun, frei bewegen und die räumliche Situation betrachten. Dabei stehen Ihnen die folgenden Bewegungsmöglichkeiten zur Verfügung:

- Blick nach links und rechts schwenken - um 360 Grad
- Blick nach oben und unten verändern
- Zoomen des Bildes - vergrößern und verkleinern
- Wechseln zu einem anderen Panorama / Szene

Panorama Büro02 - Blick nach links   *und Blick nach rechts*

Für das Navigieren im Panorama benutzten Sie die linke Maustaste. Bewegen Sie den Mauszeiger an eine beliebige Stelle im Panorama. Drücken Sie die **linke Maustaste** und halten Sie die Taste **gedrückt**. Bewegen Sie nun den **Mauszeiger nach links oder rechts**, dann drehen Sie sich um den Blickpunkt Standort, der in diesem Panorama festgelegt ist.

Bewegen Sie mit gedrückter linker Maustaste die **Maus nach oben oder unten**, dann verändern Sie den Blick entsprechend nach oben bzw. unten.

Durch drehen des **Mausrades** betätigen Sie den **Zoom**, so dass sie sich aus einer Szene herauszoomen können oder an bestimmte Details näher heranzoomen können.

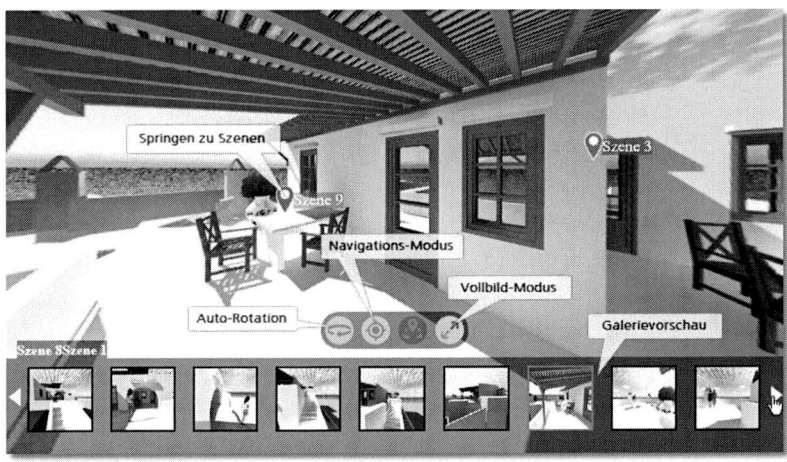

Zusätzlich zum Navigieren über die Maus stehen drei weitere Funktionen unmittelbar im Panorama zur Verfügung:

- **Springen** zu anderen Panoramen, durch Anklicken der kleinen Link-Hinweise.
- Automatische **Rotation** um den Standpunkt.
- Wechseln in den **Vollbild**-Modus.
- **Galerievorschau** der einzelnen Panoramen, die Szenen in SketchUp angelegt wurden.

Wie im Abschnitt zuvor bereits beschrieben, werden von allen Szenen (Blicke auf das Modell), die Sie in SketchUp angelegt haben, einzelne Panoramen angelegt. Diese können Sie zum einen über die **Galerieansicht** im unteren Bereich des Players erreichen. Sie öffnen die Galerie durch bewegen der Maus an den unteren Rand des Browserfensters.

Zum anderen können Sie durch Ihr Modell wandern, indem Sie von einem Panorama zum anderen die eingebetteten **Links** springen (im Bild zuvor bezeichnet als *Springen zu Szenen*). Wenn Sie zum Beispiel eine Sicht von einer anderen Stelle aus in einen Raum oder sich das nächste Panorama im angrenzenden Raum befindet, dann werden die Links an der entsprechenden Stelle im Panorama automatisch eingesetzt, die zu der gewählten Sicht des Panoramas passt.

🛈 **Hinweis:**
Wenn im Panorama die Links angezeigt werden sollen, muss im Render-Werkzeug die Option *Linear Visit* aktiviert sein.

Um das Panorama größer zu betrachten, können auch den Full Screen-Modus verwenden. Dies macht aber nur Sinn, wenn Sie bei der Berechnung des Panoramas im Render-Werkzeug eine entsprechend hohe Auflösung gewählt haben, sonst ist die Bildqualität nicht ausreichend.

Sie aktivieren den **Full Screen-Modus** durch einen Klick auf das kleine Symbol unten rechts im Panorama (im Bild zuvor bezeichnet als *Vollbild-Modus*).

Einsatzbereiche

Durch die Präsentation Ihres Modells im universell einsetzbaren HTML-Format können Sie Ihre Entwürfe und Planungen den Kunden bzw. Interessenten auf einfachem Wege auf Ihrer Homepage oder im Dialog an Ihrem Rechner zeigen.

Architektur

Bei einem Gebäude, das Sie von außen betrachten, werden Sie den Blick im Panorama eher hin und her wandern lassen. Sie können aber auch die unterschiedlichen Blicke (Szenen) dazu nutzen, um das Gebäude aus unterschiedlichen Blickrichtungen zu betrachten oder zu zeigen, wie zum Beispiel der Blick aus einem Raum oder von einer Terrasse herunter wirkt.

Innenarchitektur und Messebau

Im Bereich der Inneinrichtung oder beim Messebau können Sie sehr gut Innenraumsituationen präsentieren, indem Sie den gesamten Innenraum mit den entsprechenden Einrichtungen, Einrichtungsgegenständen, Materialien und Beleuchtungen präsentieren können.

Zeigen Sie den Messestand von allen Seiten oder legen Sie unterschiedliche Blicke im Inneren des Messestandes fest, so dass Sie die Konzeption des Standes umfassend zeigen können.

Stadtplanung

Im Bereich der Stadtplanung und des Städtebaus können Sie die räumliche Situation sehr gut aus mehreren Blickwinkeln darstellen und die räumliche Wirkung der Bebauung durch den Rundumblick am jeweiligen Standort sehr gut veranschaulichen.

Beispiele

Ein Beispiel für ein 3D Panoramen finden Sie auf der Seite von Render[in] im Internet unter dem folgenden Link: *https://renderin.com/what-is-renderin*

Berechnen mit iVisit3D Builder

Das fertige Panorama können Sie auch auf Ihrem iPhone oder iPad präsentieren. Dazu müssen Sie die Dateien des berechneten Panoramas vorher konvertieren. Dafür benötigen Sie ein zusätzliches Tool, den **iVisit 3D Builder**, das Sie hier herunterladen können:

www.ivisit360.com/de/download/

Installieren Sie das Tool auf Ihrem Rechner und gehen Sie bei der Konvertierung Ihres Panoramas wie folgt vor.

Konvertieren unter MAC

Laden Sie den iVisit3D Builder auf Ihren Mac-Rechner herunter und öffnen Sie das Programm.

Ziehen Sie per Drag and drop den Ordner mit den Dateien des Panoramas in das Fenster des iVisit3D Builder und es wird automatisch eine Datei mit der Endung PNO generiert, die im Verzeichnis des bestehenden Panoramas gespeichert wird.

Konvertieren unter Windows

Laden Sie die Installationsdatei des iVisit3D Builder auf Ihren Windows-Rechner herunter und führen Sie die Installation durch.

Starten Sie das Programm über Alle Programme > iVisit3D Builder. Es öffnet sich eine Dialogbox, über die Sie den Ordner auswählen können, in dem Ihr bestehendes Panorama abgelegt ist.

Bestätigen Sie die Auswahl des Ordners mit einem Klick auf den OK-Button und es wird automatisch eine Datei mit der Endung PNO generiert, die im Verzeichnis des bestehenden Panoramas gespeichert wird.

iVisit3D-Panorama auf mobilen Endgeräten

Die generierte PNO-Datei können Sie auf Ihrem Pad oder MobilePhone verwenden. Dazu benötigen Sie allerdings eine spezielle App. Die **iVisit 3D App** ist kostenfrei sowohl im iTunes App Store, im Microsoft Store und im Google Store erhältlich.

Nach der Installation müssen Sie nur noch Ihre PNO-Dateien zum Beispiel via Drop-Box oder andere Dienste auf Ihr mobiles Gerät übertragen, um sie in der iVisit 3D App zu verwenden.

Sie bewegen sich durch das Panorama mit den bekannten Bewegen-Funktionen des Touchscreen.

Index

Index

Weitere Bücher zu SketchUp:

Einfach SketchUp - Eine Gebrauchsanweisung

Das Buch für den schnellen und effektiven Einstieg in SketchUp Pro und SketchUp mit

Das SketchUp-Buch gliedert sich in drei Teile:

Der erste Teil gibt einen Überblick über die einzelnen Funktionen des Programms und beschreibt anhand vieler kleiner Beispiele ausführlich deren Funktionsweise. Fortgeschrittene Anwender können in diesem ersten Teil gezielt nachschlagen, wenn zum Beispiel bei speziellen Funktionen Fragen auftauchen, die nicht zur alltäglichen Anwendung gehören.

Teil Zwei und Drei enthalten ausführliche Workshops, die speziell für das Selbststudium konzipiert wurden. Der Basis-Workshop ermöglicht vor allem Anfängern dank eines detaillierten, durchgängigen Beispiels den Einstieg in SketchUp, in dem auch die Veröffentlichung eines fertigen SketchUp-Modells in Google Earth nicht fehlt.

Zahlreiche Tipps, Hinweise und spezielle Zusatzworkshops runden das Buch ab. Auch fortgeschrittene Anwender entdecken immer wieder neue Ideen für die tägliche Arbeit.

Autoren:
Ebba Steffens, Jens Lüthje, Holger Faust

Broschiert: ca. 450 Seiten
Eigenverlag: 5. aktualisierte Auflage April 2016
ISBN 978-3-00-052172-0
Sprache: Deutsch
Größe: 21 x 14,8 cm

Preis: 45,00 EUR

Einfach SketchUp - Besondere Funktionen und Tools für Fortgeschrittene und Profis

Das weiterführende Buch mit Beschreibungen und Workshops zu den besonderen Werkzeugen und Funktionen von SketchUp

Das SketchUp-Buch gliedert sich in vier Teile:

Teil 1: LayOut
Plangestaltung und Präsentation

Teil 2: Style Builder
Eigene Stile gestalten und erstellen

Teil 3: Google Earth, Street View und mehr SketchUp im Zusammenspiel mit diversen Internet-Diensten zur Modell-Präsentation

Teil 4: Dynamische Komponenten
Nutzung und Erstellung der besonderen Form von Komponenten

Autoren:
Ebba Steffens und Holger Faust

Broschiert: 134 Seiten
Eigenverlag: 5. aktualisierte Auflage Februar 2016
ISBN 978-3-00-052117-1
Sprache: Deutsch
Größe: 21 x 14,8 cm

Preis: 14,95 EUR

SketchUp-Hilfen

Kennen Sie unseren Service für Anwender?

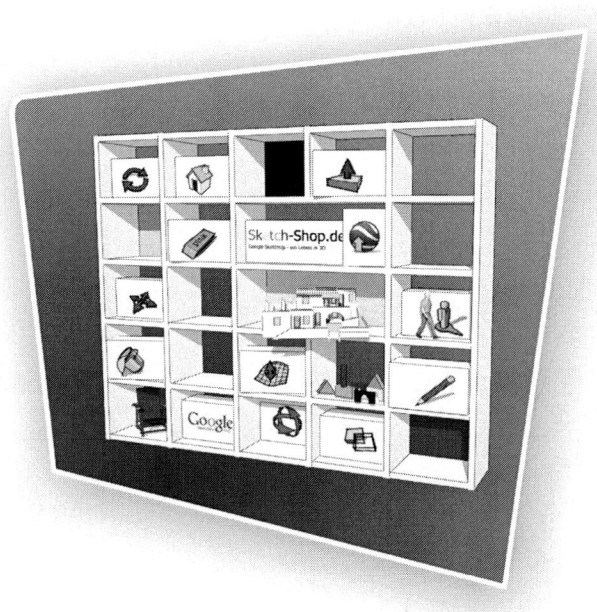

- **Schulungen**
- **Support** inkl. Online-Service via Fernwartung
- **Modellservice**:
  Erstellen von kompletten SketchUp-Modellen
  nach Kundenvorgaben
- **Komponentenservice**:
  Erstellen von Wunschkomponenten

  ... mehr Infos auf www.sketch-shop.de